中国史に学ぶ

「将《リーダー》の器」の磨き方

守屋　洋

はじめに

私はこれまで、中国の古典や歴史を下敷きにして本を書いてきたが、そのなかで、本書は意識的に若い世代を念頭において書き下したものである。つまり本書は若い世代に贈る私なりの応援歌なのである。

孔子は『論語』のなかで、「後生《こうせい》、畏《おそ》るべし」と語っている。「後生」とは若い世代、「畏るべし」とは、豊かな可能性をもっているということ、だから、畏るべしなのである。つまりこれは、若い世代に対する期待を語ったことばにほかならない。

だが孔子は、このことばにすぐ続けて、

「四十、五十にして聞こゆるなくんば、これまた畏るるに足らざるのみ」

と、ダメを押している。いつまでも未完の大器で終わったのではどうしようもない。五十年も人生を生きてきたら、人さまから評価してもらえるような仕事をなにか一つぐらいはやっているようでありたいというのだ。

そう言われても、私自身ははなはだ忸怩《じくじ》たるものをおぼえるのであるが、人生の目標としては、たしかに孔子の言うとおりであろう。できたら、酔生夢死の生き方だけは願い下げにしたい。

人間であるからには、だれでもいつかはこの世からおさらばするときがやってくる。そのときがいつ来るか、まさに神のみぞ知るであるが、最後に目をつぶるときになって、自分の一生をふりかえってみるであろう。そのときに、「あーあ、つまらない人生だったなあ」という思いだけはしたくない。

とうてい、「わが人生に悔いなし」というレベルまではいかないにしても、「まああの人生であったか」と、自分で自分を納得させることができるなら、それこそ、まあまあの人生といえるのではないかと思われる。

そのためには、どんな生き方が望まれるのか。

第一は、自分なりの楽しみを見つけることである。

過ぎ去ってみると、人生はまことに短い。その短い人生に、せっかく生まれ合わせてきたのである。じっくり楽しんでから、あの世とやらへ行きたい。

では、何に楽しみを見い出したらよいのか。当然のことながら、一人一人みなちがってくる。自分に適した楽しみを見つけることが人生の充足感につながるであろう。
ただし、楽しみというのは、それだけを追求するようになると、せっかくの楽しみが楽しみでなくなってしまう。中国古典も、つとに「楽しみは極むべからず」と警告している。

そこで第二に、仕事に対する取り組み方が大事になってくる。社会人として、与えられた場で与えられた責任をきちんと果たしていくということだ。こういう面をなおざりにしたのでは、あとで振りかえってみたとき、悔いのみが残るにちがいない。

やはり、仕事に対しても常にチャレンジ精神を燃やし、仕事を通じて社会のために貢献することを考える。そうあってこそ、はじめて人生の充実感が生まれてくるのであろう。

そのためには何を心がければよいのか。中国の古典や歴史に材を取り、いささかの体験をまじえてまとめたのが本書である。人生は常にきびしい。少しでも参考にしていただければ幸いである。

守屋　洋

2章 男の器量は逆境の中で磨かれる!

3章 自分を大きくする四つの分岐点

4章 先の先まで読みつくす男の才覚

5章 決断と行動に見る男の値打ち

6章 最後には勝つ「覇者」の駆け引きを学べ

1章

「将に将たる器」を持つ男の条件

1　相手を大きく包み込む「人間の器量」

伯夷《はくい》、叔斉《しゅくせい》は他人の仕打ちをいつまでも根に持つことはなかった。だからこそ人の恨みを買うこともめったになかった　（孔子）

人を使うには、冷酷であってはならない。冷酷だと、せっかくやる気になっている者まで逃げ出してしまう　（洪自誠）

他人を責めたい時は、まず自分を責めることだ　（苑純仁）

「将に将たる器」を持っていた劉邦

劉邦《りゅうほう》という人は、一介の庶民から身を起こし、ライバルの項羽《こうう》を倒して天下を手中に収めた。

なにしろ中国は広いから、わが国の豊臣秀吉に数倍する偉業であったといってよい。

彼はもともと遊侠（ヤクザ）の出身であったが、反乱軍の指導者にいやいやかつぎ出されてから、わずか七年間でトップの座についている。それを可能にしたものは、いったい何だったのか。

劉邦は、遊俠の出身だけあって、酒と女には目がなかったという。若い頃は、町の居酒屋に入りびたり、ツケで酒を飲み、飯盛女の尻をなでまわしながら悦に入っていたらしい。また、人間が粗野で、平気で人をどなりつけるようなところがあったといわれる。

しかし、彼には、そういう些細な欠点を補って余りあるだけの大きな長所があった。それは何かといえば、人間としての器が大きかったことだ。

よく、あの人物は「懐が広い」とか「奥行きが深い」などという。劉邦という人は、そういう広さと深さを、人一倍持っていた人物であったらしい。

こんな話がある。

劉邦が皇帝の位についてからのことであるが、たまたまある日、将軍の韓信《かんしん》と雑談をかわしたことがあったという。話題は配下の将軍たちの品定めに移ったが、二人の意見が一致しなかった。そこで劉邦がたずねた。

「では聞くが、わしには何万の兵を率いる力があると思うか」

「陛下はせいぜい十万でしょう」

「で、そなたは」

「わたしは多ければ多いほどやれます」

劉邦は苦笑しながら、

「それなら、どうしてわしに仕えたりしたのか」

とたずねたところ、韓信はこう答えている。

「陛下は〝兵に将たる〟力はありませんが、〝将に将たる〟力をお持ちです。それに、その才能は天成のもので、誰もが持ちうるものではありません」

前半のところを漢文で示せば、

「陛下ハ兵ニ将タルコト能《アタ》ワズ、而《シカ》シテ善《ヨ》ク将ニ将タリ」

である。

では、「将に将たる」とは、どういうことか。

『史記』という歴史の本は、劉邦のことを「意豁如《カツジョ》タリ」とか「常ニ大度アリ」と評している。

「豁如」というのは、広く大きいという意味である。おおらかでコセコセしない、度量の大きい人物であった、というのだ。

それは、部下の使い方によく現れている。

劉邦という人は、部下に対して、自分のほうから、ああせい、こうせいという指示や命令のたぐいをほとんど下していない。何か問題にぶつかったとする。すると劉邦はまず部下に意見を求めている。部下の意見を吸いあげてから、「よし、それでいこう」と決断するのが、彼のやり方だった。

劉邦はこういう懐の広さで部下の心をとらえたのである。

寛容でなければ人はついてこない

劉邦という人は、スケールの大きい人物で、ぼやぼやっとした人間的魅力に富んでいた。しいていえば、寛大とか寛容ということになるが、劉邦の場合、それが部下に対してばかりでなく、観客席の心をとらえるうえでも大きな役割を果たした。

こんな話がある。劉邦が秦の都咸陽《かんよう》をおとしいれ、秦王子嬰《しえい》の降服を受け入れて郊外の覇上《はじょう》に駐屯した時のことである。配下の部将のなかには、秦王など殺してしまえと息巻く者もいたが、劉邦は、

「そもそもわしが攻略軍の大将に任命されたのは、わしならば敵を寛大に扱うと認められたからだ。しかも敵はすでに降服しているではないか。それを殺しては、ろくな

結果にはなるまいぞ」

といって、はやる部将たちを押さえたという。

さらに劉邦はこの時、占領地の有力者たちを集めて、次のように布告している。

「諸兄は、長いあいだ、秦の苛酷な法に苦しめられてきた。国政を批判すれば一族皆殺し、立ち話をかわしてさえ、盛り場で首を斬られたほどだ。わしはいま、ここで諸兄に約束しよう。

法は三章だけとする。すなわち、人を殺した者、人を傷つけた者、盗みをはたらいた者は処罰するが、秦の定めたもろもろの法はすべて廃止する。官民ともに、これまでどおり安心して暮らすがよい。そもそもわしがここまで軍を進めてきた目的は、諸兄のために害を除くにある。決して乱暴をはたらく意図はないから、安堵《あんど》されたい」

これが有名な「法三章」の布告である。秦の苛酷な法律に苦しめられてきた人々は、この布告を歓呼して迎え、劉邦の寛大な処置をたたえたという。

劉邦はこのようなやり方で人々の心をとらえ、彼らの支持を集めて将来の飛躍にそなえたのである。

『論語』という古典に、

「寛ナレバ則《スナワ》チ衆ヲ得《ウ》」

ということばがある。寛大であり寛容であれば人々の支持を集めることができるという意味だが、劉邦もこれを旨としたことによって天下を手中に収めたのだった。

ただし、寛大であれ、寛容であれといっても、それはあくまでも他人に対してであって、自分に対しては、むしろきびしく律しなければならない。

人生の書とでもいうべき『菜根譚』という古典も、

「他人の過ちには寛容であれ。しかし、自分の過ちにはきびしくなければならない。自分の苦しみには歯をくいしばれ。しかし、他人の苦しみを見すごしてはならない」

と、いましめている。

「他人には寛容、自分にはきびしく」ということである。

狭量で墓穴を掘った項羽

劉邦のライバルが項羽である。

項羽は、いくつかの面で、劉邦とは対照的な人だった。

まず、劉邦は名もない遊侠の出身であったのに対し、項羽のほうは楚の国の貴族の家柄に生まれている。人柄については、劉邦はゆったりした大人《たいじん》の風格を感じさせるが、項羽は直情径行である。行動のパターンにしても、劉邦が曲線的であったのに対し、項羽は直線的であったといってよい。

能力、とくに軍事面の能力について見ると、劉邦がせいぜいのところ百人並みぐらいであったのに対し、項羽のほうは天才的であった。また、挙兵のいきさつにしても、劉邦がいやいやかつぎ出されたのに対し、項羽のほうはやる気満々、すすんで事を起こしている。

項羽が叔父の項梁とともに反乱の兵を挙げたのは、二十四歳の時であった。以後彼は、そのすぐれた能力と果敢な性格にものをいわせて、わずか三年間で天下の覇王《はおう》にまでのしあがっている。その台頭ぶりは、まことにめざましいものがあった。

だが、せっかく覇王という地位につきながら、劉邦の挑戦を受けるや、その地位を持ちこたえることができず、あっというまに没落してしまった。台頭も早いが、転落もまた早い。なぜ転落したのかといえば、人々の支持を失ってしまったからである。

こんな話がある。

彼が秦の都咸陽《かんよう》に入城した時のことである。劉邦に一番乗りをさらわれた腹いせも手伝って、降服した秦王子嬰《しえい》を殺したばかりか、宮殿に火を放って、住民の大虐殺を展開した。

そんな蛮行をあえてする項羽を、人々は、

「沐猴《モッコウ》ニシテ冠《カン》スルノミ」

と、あざ笑ったという。冠《かんむり》をつけたエテ公という意味である。

「法三章」の布告を発して占領地の人心収攬につとめた劉邦とは、まったく対照的なやり方であった。

部下に対する組織管理でも、項羽のやり方は、劉邦とはちがっていた。

先に述べたように、劉邦は何か事が起こると決まって部下の意見を求め、それでよいとなると、信頼して部下に仕事をまかせた。これで彼は、部下のやる気を引き出し、うまく集団の力を引き出して項羽に対抗することができたのである。

項羽にはこれができなかった。なにしろ彼は人並みすぐれた能力に恵まれていたし、誰よりも彼自身がそのことを自覚していた。部下のいうことなど、かったるくて、耳をかす気になれなかったのかもしれない。

陳平という頭の切れる参謀がいた。はじめは項羽に仕え、見切りをつけて劉邦に鞍替えした人物であるが、その彼が項羽についてこんな意味のことを語っている。

「項羽という人は、部下を信頼することができなかった。彼が重用したのはすべて自分の一族か妻の眷族《けんぞく》ばかりで、配下に有能な人材がいても登用しようとしなかった」

その結果、彼は次々と有能な人材に背かれ、ついには孤軍奮闘のかたちで戦わざるをえない状態に追い込まれていった。

これでは、集団の力で戦いを挑んできた劉邦に勝てるわけはない。

項羽は、みずからの狭量さによって墓穴を掘ったのである。

何事も腹に収めていく男の度量

孔子は人生の苦労人であったから、彼の言行録とでもいうべき『論語』のなかには、人情の機微をついたことばがたくさん収められている。たとえば、次のことばなども、その一つである。

「躬《ミ》自カラ厚クシテ、薄ク人ヲ責《セ》ムレバ、怨ミニ遠ザカル」

訳せば、次のような意味になるだろう。

「自分はきびしく律し、他人には寛容な態度で臨む。こういう生き方を貫けば、人から恨まれることはない」

　きびしい態度で臨めば、とかく相手を硬化させ、まとまる話もまとまらなくなってしまう。あげくの果ては、反発されたり恨みを買ったり、ろくな結果にはならない。だから、『菜根譚』も、次のようにいましめているのである。

「世渡りでは、あまりに潔癖すぎてはならない。よごれやけがれまで、すべて腹に収めていくだけの度量を持ちたい。

人間関係では、好き嫌いの感情を表に出しすぎてはならない。どんなタイプの相手も、皆受け入れていくだけの包容力を持ちたい」

　これをもっと端的に語っているのが、

「水清ケレバ、魚スマズ」

ということばであるが、これについては、次のような話が伝えられている。

　後漢の時代、西域の経略に活躍した班超《はんちょう》という人物がいた。西域にあること三十年、わずかな兵力でよく五十余か国を服属せしめ、この地域の安定に貢献したが、老齢の故をもって帰国することになった。この時、彼の後任に任命されたのが、任尚《じんしょう》という人物である。任尚は、挨拶かたがた班超のもとをたずねて西域経営の心構えについてたずねた。

　班超は、こう答えている。

「辺境に派遣されている者どもは、もともと素直に人のいうことなど聞く連中ではない。皆罪を得て流されてきた者どもだ。それに、蛮夷は、鳥獣のような心を持っているので、これを帰服させるのは容易なことではない。見たところ、君の性格はきびしすぎる。水清ければ魚すまず、というではないか。あまりにもきびしい態度で臨めば、人々の支持を失ってしまう。それゆえ、できるだけゆるやかな態度で臨み、小過は許して大綱だけを押さえるようにつとめるがよい」

　任尚は、あとで側近の者に
「班超殿から何か奇策でも教えてもらえるかと思っていったのだが、案に相違して、つまらぬお説教だけだった」

　と語ったそうだが、赴任して数年、ことごとく西域諸国の離反を招き、班超苦心の経営を台なしにしてしまったという。

　きびしすぎれば離反を招き、寛容を旨とすれば支援を集めることができる。これは、国の政治だけではなく、人間関係のすべてにあてはまる鉄則であろう。

度量があるから部下がついてくる

小さなことにまでいちいち目くじら立てているようでは、人はついてこない。大きな度量があってこそ、人々の支持を集め、部下のやる気を引き出すことができるのである。

春秋時代の五人の覇者（「春秋の五覇」）のなかに、楚《そ》の荘王《そうおう》という人物がいた。この人は、その能力、器量いずれをとっても、第一級のトップであったらしい。

こんな話が伝えられている。

ある夜のこと、群臣を集めて酒をふるまったことがある。

「こよいは無礼講じゃ。遠慮なしにやるがよい」

というわけで、君臣あげてのドンチャン騒ぎになった。ところが、どうしたはずみか、宴もたけなわになったころ、部屋中の灯がスーッと消えてしまった。

すると、暗がりをよいことに、酒の酔いにまかせて、王の愛妾にたわむれかかった者がいる。

中国の女性は一般に気が強いが、この愛妾もそうだったらしい。男の冠の紐を引きちぎるや、大声で王に訴えた。

「ふとどき者でございます。早く灯をつけて、冠に紐のない男をとらえて下さい」

だが荘王は、

「いいや、もとはといえば、わしが酒をふるまったために起こったこと。女の操を重んじて士を辱めるわけにはいかぬ」

といって愛妾を制し、ひときわ声を張りあげてどなった。

「こよいは無礼講じゃ。かまわん、みんな冠の紐を切り捨てい」

灯がともされてみると、群臣誰一人として冠の紐などつけている者はなかった。

男は、女の口説きに弱い。寵愛する相手ともなれば、なおさらのことだ。だが、それも時と場合による。こんなところで、「よし、よし」とやに下がっていたのでは、男がすたるものと心得たほうがよい。

これは余談だが、この話には後日譚がある。それから何年かのちのこと、楚は強国の晋と戦いを交えた。すると、常に楚軍の先頭に立って、勇猛果敢に戦う勇士がいる。楚は、その男の働きで、ついに晋軍を破ることができた。

荘王は、戦い終わってから、その男を呼び寄せた。

「そなたほどの剛勇の士がいることに気づかずにきたのは、わしの不徳の至りじゃ。

そのわしを恨みもせず、命を的に戦ってくれたのは、何か仔細《しさい》でもあるのか」

男は平伏して答えたという。

「わたくしは、一度死んだ身でございます。酒に酔って無礼をはたらきましたおり、王のお情で生きながらえ、それからというもの、身命を投げうって、ご恩に報いたいと願い続けてまいりました。あの夜、冠の紐を引きちぎられたのは、実は、このわたくしでございます」

世の中には、この男のような律義な人間ばかりいるとはかぎらない。なかには、こちらが度量を見せても、何の反応も示さない相手だっていることは確かである。

だが、そんなことにこだわっているようでは、そもそも度量が大きいとはいえないのではないか。荘王にしても、初めから男の報恩を期待していたわけではないのである。しかし、それが結果としてこのような報恩に結びつくところに、人間関係の機微があるといってよい。

2 人間的魅力をつくる「恕」の精神

孔子の人柄は温和であってしかもきびしく、威厳をそなえながら威圧感がなかった （弟子のことば）

さわやかな弁舌、人をそらさぬ応対、そんな手合いにかぎって仁には遠い （孔子）

仁の心がなくても、国ぐらいは手に入れることができよう。だが天下まで手に入れることはできない （孟子）

内面からにじみ出る男の優しさとは

周恩来という人は、生前、国民から全幅の信頼を寄せられて国政の舵取りにあたり、死んでからあとも「敬愛する総理」として追慕されている。

彼が亡くなって二年近くたった頃、一部に、彼に対する批判の声が出かかったことがある。

その頃北京を旅行していた私は、たまたま乗ったタクシーの運転手に、

「周総理を批判する声があるようだが、どう思うかね」

とたずねてみた。すると運転手はいささか奮然とした面持ちで、

「もしそんな奴らがいたら、われわれが放っておきませんよ」

と語った。こともあろうに、あの周総理を批判するなど、もってのほかだ、という顔つきである。私はついでに聞いてみた。

「じゃ、毛主席はずいぶん批判されているが、あれはどうなの」

「やりたい奴はかってにやればいい。われわれには関係ありませんや」

と、こっちのほうはすこぶる冷淡な返事が返ってきた。


二人の指導者に対するこの反応のちがいは、たぶん、当時のほとんどの中国人に共通するものであったろう。

では、そのちがいはどこから生じたのであろうか。いくつもの理由をあげることができるが、印象批評風にいえば、毛沢東は、冷たくて近寄りがたかったのに対し、周恩来には温かさがあって親しみやすかったからにちがいない。

その温かさも、外見だけの温かさではない。内面からにじみ出てくる温かさなのである。そして、その源泉になっていたのは、他者に対するいたわり、思いやりの心である。それが人々の心をとらえ、いまなお追慕されている理由であると思う。

たとえば、こんな話がある。

周恩来が亡くなって間もなく、香港の雑誌社で追悼の座談会がもたれたことがあったが、その席上、反共系の大学の先生がこんなことを語っていた。

「教え子の若い学生たちが中国本土を旅行し、周恩来に会ってくると、みんな周恩来びいき、共産党びいきになって帰ってくるという。なぜだろうかと、その理由をいろいろ考えてみたのだが、結局、こういうことではないかと思う。

まず周恩来は多忙ななかを、寸暇を割いて若い学生たちに会ってくれる。次に、辛抱づよく彼らの意見に耳を傾けてくれる。さらに、彼らの質問に対して、ごまかしたり、はぐらかしたりしないで、一つ一つ懇切丁寧に答えてくれた。

これが学生たちの心をとらえたのではないかと思う」

その大学の先生は、周さんというのはたいへんな人物ですよといった気持ちを言外に込めて、こんな述懐をしていた。

うわべだけの温かさでは、すぐ人に見破られてしまう。周恩来には、内面からにじみ出てくる温かさがあったということである。

「この人のためならば」と思わせる「仁」

思いやりを漢字で表せば「仁」ということになる。他人の心を思いやること、他人の立場になって考えてやること、これが仁にほかならない。

きびしい態度、すなわち「厳」だけでは、相手を押さえ込むことはできるが、心服はされない。相手を心服させ、この人のためならばと思わせるためには、思いやり、すなわち「仁」の心が必要なのである。

周恩来はそういう要素をたっぷり持っていたわけだが、それはべつに彼だけのことではない。むかしから名リーダーとか名指導者とたたえられてきた人々は、皆それを身につけていたといえよう。

たとえば、漢《かん》の武帝《ぶてい》の時代に活躍した李広《りこう》という将軍がいる。

この人は、敵から「漢の飛将軍」として恐れられたほど武勇の誉《ほまれ》高い武人であったが、部下に対しては、徹底して温情主義で臨んだらしい。

下賜された恩賞のたぐいはそのまま部下に分け与え、飲食も常に部下と同じものをとった。

だから、家には財産らしいものは何一つなかったが、それでいて、そんなことはただの一度も口にしたことがなかったという。

また、行軍中、飢えと渇きに苦しんでいる時、たまたま泉を発見しても、部下が全員飲み終わるまでは、自分は決して飲もうとしなかった。食糧も、部下にゆきわたるまでは、ついぞ手をつけたことがなかった。

このように部下を思いやったので、部下も心から李広を慕い、彼の命令には喜んで従ったという。

一方、戦い方は、きわめて放胆であったらしい。

行軍中でも、隊伍や陣形はばらばら。湖水や草地に出ると、兵や馬を休ませて自由行動をとらせる。夜もそれほどきびしい警戒はしない。軍本部での記録や帳簿のたぐいも、いたって簡略にした。

だから、敵の奇襲を受けると意外なもろさをさらけ出したが、兵士はのびのびと行動し、李広のためなら喜んで死地に赴いたといわれる。温情主義がいい面に作用して、兵士のやる気を引き出したのだ。

歴史家の司馬遷《しばせん》は、この李広に対して
「桃李言《モノイ》ワズシテ、下自《オノズ》カラ蹊《ミチ》ヲ成ス」

ということばを贈って、その名リーダーぶりをたたえている。桃や李《すもも》はおいしい実をつけるので、その下には自然に道ができる。それと同じように、立派な人物のもとには知らぬ間に人が集まってくる、という意味である。ちなみに、成蹊大学の校名は、このことばから借りたものであろう。

李広もまた「仁」すなわち思いやりによって部下の心服を勝ちえたのである。

禍を転じて福となす！

人に対して温かい配慮を心がけ、寛容な気持ちで接する。そうすれば無用な反発を買ったり、足を引っぱられたりする害を避けることができるばかりでなく、思いもよらぬ救いの手をさしのべてもらえることもないではない。

戦国時代、斉《せい》の国に孟嘗君《もうしょうくん》という宰相がいた。数千人の食客を養っていたといわれるが、たまたまその一人が孟嘗君の妾と人目を忍ぶ仲になった。家老の側女に、平侍が手を出したようなものである。

それを知った家臣が、孟嘗君に訴え出た。

「食客ふぜいの身で、ご主君の女と密通するとはもってのほかのこと。即刻お手打ちになさるべきかと思います」

孟嘗君が答えるには、

「まあよいではないか。美しい女に魅かれるのは人情というものであろう。捨ておけ、捨ておけ」

こういって不問に付したばかりか、やがて、くだんの食客を呼び寄せて語った。

「せっかくわたしのもとに身を寄せてこられたのに、いまだによい地位につけてさしあげることもできず、まことに申し訳なく思っています。さればとて、そのへんの小役人ぐらいでは、あなたも満足できないでしょう。ところで、わたしは衛《えい》の国王とは親密な間柄です。いかがでしょう。これから、車馬、仕度金を用意させますから、衛に行って仕えてみる気はありませんか」

結構な就職口の世話までしてやったのである。誰にもできることではない。

食客は、衛の国王に仕え、そこで重用されるようになった。

その後のこと、斉と衛の関係が断絶し、衛の国王は他の諸国を語らって斉に攻撃を加えようとした。この時、くだんの食客が、こういって衛の国王を諫めたのである。

「わたくしがこうして王に仕えることができたのは、孟嘗君のお力ぞえによるものでした。ところでいま、王は諸国を語らって斉に攻撃をしかけようとしていますが、これは斉との盟約に違反し、かつ、孟嘗君との友情を裏切ることでもあります。なにとぞ、斉に対する攻撃をおやめになっていただきたい。さもないと、いまここでお命を頂戴つかまつり、死出のお供をいたす覚悟でござる」

身を捨てて攻撃中止を迫ったのである。これで衛の国王は斉を討つことを断念したといわれる。

この話を聞いて、斉の国の人々は、こう語り合ったという。

「孟嘗君は味なはからいをしたものだ。禍《わざわい》を転じて福とした」

『菜根譚』に学ぶ人間的魅力

宋代の名宰相に王旦《おうたん》という人物がいたが、この人は温かい人柄で、一度も怒った顔や不機嫌な顔を見せたことがなかったという。

ある時、子供たちから訴えられた。

「料理人たちに肉をちょろまかされて、満足に食べることができません。どうにかしてください」

「おまえたちの割当ては、どれだけか」

「一斤《きん》ですが、そのうちの半分は料理人にかすめとられてしまいます」

「一斤あれば満足するのだな」

「そうです」

「では、これからは一人当たり一斤半にするように、料理人にいいつけるがよい」

人をとがめだてするのがいやで、こんな処置をしたのである。

王旦は、このような態度で部下や使用人に臨み、その温かさの故に大いに慕われたという。

彼のやり方は、組織管理としては必ずしも褒められたやり方ではない。なぜなら、これでは組織のなかに甘えの構造が出てくるからである。しかし、一般に人とつき合うには、こういう温かな思いやりが必要になる。

『菜根譚』にも、次のようなことばがある。

「小さな過失はとがめない。かくしごとはあばかない。古傷は忘れてやる。

他人に対してこの三つのことを心がければ、自分の人格を高めるばかりでなく、人の恨みを買うこともない」

参考のため、これを漢文で示してみると、

「人ノ小過ヲ責《セ》メズ、人ノ陰私ヲ発《アバ》カズ、人ノ旧悪ヲ念《オモ》ワズ。三者ハ以ッテ徳ヲ養ウベク、マタ以ッテ害ニ遠ザカルベシ」

となっている。

他人に対する思いやりとは、要するに、こういうことなのかもしれない。

また、宋代の范純仁《はんじゅんじん》という人物も
「人ヲ責《セ》ムルノ心ヲ以ッテ己《オノレ》ヲ責メ、己ヲ恕《ジョ》スルノ心ヲ以ッテ人ヲ恕セ」

と語っている。「恕」もまた思いやりという意味である。

これもまた実践的なアドバイスといってよいだろう。

子供や部下を叱る時にも、相手の欠点ばかりとがめていたのでは、その割に効果はあがらない。かえって、無用な反発を招く恐れすらある。といって、過《あやま》ちを放置しておいたのでは、親や上司としての責任が果たせない。

そんな時、あなたならどう対処するか。

少なくとも、相手の過ちをとがめながら、同時に、よい点をさがし出して褒めてやる。その程度の配慮が望まれるであろう。

また、『菜根譚』の次のような指摘も参考になるかもしれない。

「人を叱責する時には、あまりきびしい態度で臨んではならない。相手に受け入れられる限度を心得ておくべきだ。

人を教導する時には、あまり多くを期待してはならない。相手が実行できる範囲内で満足すべきだ」

人間関係におけるこういう思いやりが、その人の人間的魅力を形成していくのである。

3　動乱期に人望を得る「不争の徳」

終わりをまっとうできるのは、謙虚な人物である（易経）
地位の高い者ほど他人に対して謙虚でなければならない（老子）
高慢であれば失うものが多く、謙虚であれば見返りも多い（書経）
一生涯、道を譲り続けたとしても、その合計はせいぜい百歩にすぎない（朱敬則）

若造に「三顧の礼」を払った劉備

人間的魅力とは何か。一言でいえば、「徳」ということになる。徳を身につけた人物は人間的魅力に富み、徳に乏しい人間は人間的魅力にも乏しい。

では、徳を構成する要件は何かといえば、すでに述べた寛容とか思いやりも当然含まれるが、なかんずく「謙虚」という要件が大きな比重を占めている。

『左伝《さでん》』という古典に、

「卑譲《ヒジョウ》ハ徳ノ基ナリ」

とある。「卑」とは、自分は低い所に身を置いて相手を立てること、「譲」とは、自分は後に退いて相手に道を譲ることだ。ズバリいえば、「卑譲」とは謙虚な態度にほかならない。それが徳の基になるのだという。

これをたっぷり身につけていたのが、『三国志』の劉備《りゅうび》である。

劉備という人は、駆け引きとか権謀術数とか、そういった面の能力には乏しい人だった。こと能力という点にかけては、ライバルの曹操《そうそう》や孫権《そんけん》に遠く及ばなかったといわれる。それを補ったのが、謙虚でしかも温かく相手を包み込んでいく人間的魅力だった。

それを物語っているのが、有名な「三顧の礼」の故事である。

諸葛孔明を軍師に招いた時、三度も相手の草蘆《そうりょ》をおとずれ、礼を厚くして迎えたという話であるが、この時の二人の立場を考えてみよう。

劉備は四十七歳、まさに人生の円熟期にあり、不遇であったとはいえ、その名は天下に鳴りひびいていた。これに対し、孔明は二十七歳、ほとんど無名の青年にすぎない。いまでいえば、大学を出たばかりの若造といったところである。

劉備は、そういう相手にわざわざ「三顧の礼」を払ったのである。ちょっとまねのできない謙虚さであったといってよい。

さらに軍師に迎えてからも、全幅の信頼をおいて仕事をまかせたという。

それを見て、古くから劉備に仕えてきた関羽《かんう》と張飛《ちょうひ》の二人が、やっかみ半分で、ぶつぶつ不満を鳴らした。

放っておけば仲間割れを生じかねない。劉備は二人を呼んで

「孔明とわしの関係は、水と魚のようなもの。魚は水なしでは生きられないのだ。そのほうたちもわかってくれぬか」

と、たのみ込んだという。あくまでも謙虚な人なのである。

劉備のこのような謙虚さは、ひとり孔明に対してだけ示されたわけではない。すべての部下に対してそうだった。

動乱期に「人を動かす」賢と徳

『三国志』を書いた陳寿《ちんじゅ》という歴史家は、劉備をこう評している。

「劉備は深い見識と強い意志、それに加えて豊かな包容力を持っており、これぞという人物には甘んじてへりくだった」

ふつう乱世を勝ちあがっていくには、人並みすぐれた能力を必要とする。だが、劉備にはそれが決定的に欠けていた。並の人物なら、群雄争覇のなかで、はやばやと波間に没していったにちがいない。ところが、劉備はしぶとく生き残り、よく「三国鼎《てい》立《りつ》」の局面を形成することができた。その理由は何かといえば、

一　逆境に屈しない意志力
二　人を包み込む包容力
三　相手にへりくだる謙虚さ

この三つがあったからだという。とくに、豊かな包容力と謙虚な態度によって、部下のやる気を引き出し、人々の支持を集めたことが大きかったように思われる。

劉備は、白帝城において病死する時、都の成都にいる太子の劉禅《りゅうぜん》にあてて一通の遺書をしたためているが、そのなかに、次の一句がある。

「小さな悪だからといって、決して行なってはならない。小さな善だからといって、決して怠ってはならない。賢と徳、この二字が人を動かすのである。そなたの父は徳に欠けていた。この父にならってはならぬ」

他の誰よりも徳を身につけていた劉備が、「わしは徳に欠けていた」と反省してい

るのである。劉備という人は、徳もまた人を動かす力になりうることを、よく知っていたのかもしれない。

さらに、この時彼は、わざわざ丞相（宰相）の孔明を成都から呼び寄せて、後事を託している。

「そなたの才能は曹丕《そうひ》より十倍もまさっている。そなたの手でわが国を安定にみちびいたうえ、天下統一の大業を成しとげてくれるものと信じている。もし劉禅が補佐するに値する男なら、どうか盛りたててやってほしい。だが、その器量がないと思うなら、そなたが代わって帝位に即くがよい」

皇帝が臣下に帝位を譲ってもよいというのである。中国三千年の歴史のなかでも、こんな例はほかにない。このような大らかさ、謙虚さが劉備の身上であったといってよい。

孔明が劉備の死後、二代目劉禅をもりたてて粉骨砕身したのは、このような知遇にこたえようとしたからであった。

「不争の徳」は乱世を生き残る処世の知恵である！

『菜根譚』に、こんなことばがある。

「狭い小道を行く時は、一歩さがって人に道を譲ってやる。おいしい物を食べる時には、三分を割いて人にも食べさせてやる。

こんな気持ちで人に接することが、すなわちもっとも安全な世渡りの極意にほかならない」

いわゆる謙譲の美徳のすすめである。

自分の才能を鼻にかけて得意顔をしたり、おれが、おれがとしゃしゃり出たりしたのでは、必ず「なんだ、あいつは」といった反発を受ける。謙虚であれば、そのようなマイナスを避けることができるのだという。

それをいっそうはっきりと語っているのが、『老子』である。

「自分を是としないから、かえって人から認められる。自分を誇示しないから、かえって人から立てられる。自分の功績を誇らないから、かえって人から讃《たた》えられる。自分の才能を鼻にかけないから、かえって人から尊ばれる。立派な人物は人と争わない。だから、争いをしかける者がいないのだ」

謙虚であるからこそ、人に立てられるというのだ。

また『老子』は、こうも語っている。

「立派な指導者は、国民を統治しようとする時には、謙虚な態度で国民にへり下る。国民を指導しようとする時には、自分は後に退いていっこうに指導者ぶらない。だから、上に座っていても、国民は重いとは感じないし、先に立っていても、国民は邪魔だとは感じないのだ」

これを『老子』は、「不争《ふそう》の徳」と呼んでいる。

「善《ヨ》ク敵ニ勝ツ者ハ与ワズ、善ク人ヲ用ウル者ハコレガ下《シモ》トナル。コレヲ不争ノ徳ト謂《イ》ウ」

『老子』によれば、謙虚であり謙譲であることは、たんなる消極的な、受け身の徳目ではない。むしろそれは、人々の支持を集めるための武器であり、きびしい乱世を生き残るための処世の知恵でもあった。

劉備という人は、小説の『三国志』によれば、漢王室の再興に心を砕く、この上なく立派な人物としてえがかれている。確かに、部下に対する謙虚な態度、深い信頼などを見ると、立派な指導者のイメージに近いかもしれない。少なくとも、権謀術数を得意にしたライバルの曹操とは、明らかに異質であった。

だが、人格的に立派であるというだけでは乱世を生き残れないことも、きびしい現実なのだ。実は、あとで述べるように、劉備には、立派な人格者であったというだけでは割り切れない、したたかな側面もあるのである。

あるいは劉備は、『老子』のいう謙虚であることのメリットを十分に計算したうえで、それを演じたのかもしれない。少なくとも、その程度の老獪《ろうかい》さがなかったら、『三国志』のような激動の時代を生き残ることはできないのである。

4 思慮深く、常に重厚であれ！

立派な人物はいつもゆったりしている。つまらぬ人間はいつもくよくよしている（孔子）

立派な人物は、見たところ愚者のような顔をしているが、実は思慮深い（老子）

実《じつ》のあることばは美しくない。美しいことばには実がない（老子）

「信」を腹中に置く

劉備は、謙虚と信頼をもって部下に接し、その結果、孔明らの献身を引き出すことに成功したと述べた。人々の支持を集め、部下の献身を引き出すためには、謙虚もさることながら、この信頼ということも無視できない要素なのである。

信頼すれば、相手もその信頼にこたえようとする。これは人情の機微である。相手のやる気を引き出すためには、まず、こちらから信頼してかからなければならない。

これができるのは器の大きい人物であるが、乱世を勝ちあがっていった人物は大なり小なりこの要素を身につけていた。たとえば劉邦にしても、『三国志』の劉備、曹操、孫権にしても、みなしかりである。

だが、これをもっとも自然なかたちで演じた人物はといえば、さしずめ後漢《ごかん》の光武《こうぶ》帝劉秀《りゅうしゅう》あたりをあげることができるかもしれない。

光武帝がまだ帝位に即く前、群雄の一人にすぎなかった頃、敵対関係にあった銅馬《どうま》の軍を破った。この時、彼は、降服してきた銅馬軍の幹部連中を重くとりたてたが、相手はこちらの真意を疑って不安の色をかくさなかった。

無理もない。両者は昨日まで血みどろの戦いをくりひろげてきた間柄なのだ。信用せいといわれても、おいそれと信用できるものではない。

それを見てとった光武帝は、すぐさま彼らをそれぞれの部隊に帰して指揮をとらせるとともに、みずから軽騎に乗り、わずかな供回りを従えて各部隊を巡視してまわった。放胆といえば放胆な振る舞いである。

銅馬の将兵はその姿を見て、口々に語り合ったという。

「劉秀殿は、赤心を推《お》して人の腹中に置くお方だ。あの人のためなら死んでも悔いはない」

光武帝という人は、無理をしてそのような演技をしたのではないらしい。もともとおっとりした人柄で、そのような持ち味が、たくまざる人心収攬につながったのである。彼は、これを有力な武器の一つにして、急速に人々の支持を集め、皇帝の座まで駆けあがっていった。

ただし、信を腹中に置くといっても、相手がそれに値する人物かどうか、十分に見定める必要があるかもしれない。なぜなら、信用ならぬ相手を信頼した結果、裏切りにあって寝首をかかれるというケースが少なくないからである。

頼りにされる男とは？

では、どんなタイプの男が信頼できるのかといえば、劉邦にまつわる次の話が参考になるであろう。

劉邦は、皇帝の位に即いてから七年後、流れ矢に当たった傷が悪化して死の床についた。この時、皇后の呂后《りよこう》が国政を委任する宰相の人事について劉邦の意見を求めている。

「陛下にもしものことがあり、大臣の蕭何《しようか》が死んだら、あとを誰にやらせたらよいでしょうか」

「曹参《そうしん》がよかろう」

簫何も曹参も、挙兵以来の盟友であり、劉邦にとっては気心の知れた人物である。ここまでは順当な人事であった。そのあとが面白い。ついで呂后が曹参の次をたずねたところ、劉邦はこう答えている。

「王陵《おうりょう》がよかろう。だが、あの男はあまり頭がよくない。陳平《ちんぺい》に補佐させるといい。陳平は才気にあふれているが、すべてをまかせきるのは危ない。周勃《しゅうぼつ》は、重厚で素朴なやつだ。だが、わが劉家を永続させる者は結局、周勃だろう。彼を軍事の責任者にしてやってくれ」

さらに、呂帝がそのあとをたずねると、劉邦は、

「そのあとは、もうお前にもかかわりのないことだ」

といって、目を閉じたという。

ここで興味深いのは、劉邦が曹参のあとで名をあげた三人の人物である。王陵というのは、直言好きの、どちらかというと、人生意気に感ずるタイプであった。性格のまっすぐなところは買えるが、それだけではいかにも心もとない。そこで陳平が出て

くるのである。

陳平は、智略にたけた人物である。劉邦に従って転戦し、六たび奇計を出して六たび劉邦の危機を救ったといわれる。頭が切れるという点では、これ以上の男はいない。王陵を補佐させるには最適だ。

だが、切れすぎるということは弱点でもある。策士、策におぼれる恐れがあって、もうひとつ頼りきれない危なっかしさがつきまとう。劉邦のことばを借りれば、こうである。

「陳平ハ智余リアリ。然レドモ、以ッテ独リ任ジ難シ」

こうして劉邦がもっとも頼りにしたのは、重厚な周勃だった。この人は、「才能ハ凡庸ニ過ギズ」と評されているが、朴訥な人柄であったという。劉邦はそこを買ったのだった。

重厚な人物を信頼したくなるのは、劉邦だけではない。まわりの人々から信頼されるためには重厚であることが大切な条件となるのである。

大弁は訥《トツ》なるがごとし

重厚な人柄はさまざまな要素から構成されるが、なかでも重要な比重を占めるのが、寡黙である。

『三国志』の劉備は、若い時から

「語言少ナク、善《ヨ》ク人ニ下《クダ》ル」

と評されている。つまり、

一　寡黙

二　謙虚

この二つの長所を持っていたという。べらべらまくしたてれば、失言が多くなり、どうしても軽薄才子の印象を免れない。寡黙であることは、むしろ長所なのである。孔子の弟子に冉雍《ぜんよう》という人物がいたが、この人は口べたであったらしい。ある人が、この冉雍のことを、

「あの男は仁者かもしれんが、おしいことに口べただ」

と批判した時、孔子はこう語っている。

「口べただからいいのだ。口先ばかり達者で人をそらさぬ連中は、かえって恨みを買

うことが多い。冉雍が仁者であるかないかはともかくとして、口べたなのはむしろ取り柄だ」

孔子はまた、

「辞ハ達スルノミ」

とも語っている。ことばというのは、意志を通じさせればそれでよい、べらべらまくしたてる必要はない、というのだ。

『老子』という古典にも、

「大弁ハ訥《トツ》ナルガ若《ゴト》シ」

とある。人を動かすほんものの雄弁とは、とつとつと語る訥弁《とつべん》のようなものだ、というのである。

かつて来日した中国の当時の胡耀邦総書記は、迫力に満ちた弁舌で、中国の考え方をPRし、日中両国の友好をうたいあげて帰国した。ところが、あとで華僑の友人たちに、彼の印象をたずねてみたところ、おおむね評判がよろしくないのである。「トップとして、あれはしゃべりすぎだ」と、顔をしかめる者が多かった。

確かに、しゃべりすぎることのマイナスは少なくない。だが、必要な時に、必要なことも主張できないで沈黙しているのは、困るのである。これではリーダー失格といってよい。

弁ずべき時には大いに弁ずる、だが、ふだんは寡黙に徹する、これが望ましいあり方である。流行歌の文句にも、「男は無口なほうがいい」とある。必要でもない時に、べらべらしゃべる、そんな愚かさだけは願い下げにしたい。

2章

男の器量は逆境の中で磨かれる！

1 「得意澹然《たんぜん》、失意泰然《たんぜん》」であれ！

どんなに才能に恵まれても、時世にあわなければうまくいかない　（孔子）

この世の中には、自分の意のままにならないことが七、八割はある　（羊祜）

何が幸せかといって、平穏無事より幸せなことはなく、何が不幸かといって、欲求過多より不幸なことはない　（洪自誠）

人生の浮き沈みにどう対処するか

山もあれば谷もある、というのが人生だ。ツキまくっていると思っていても、いつそのツキに見放されるかわからない。八方ふさがりの状態に落ち込んでいても、いつまたツキがもどってくるか、はかりがたい。

だから人生は面白いのだし、またそこに人生のむずかしさがあるともいえよう。

そういう人生の転変ただならぬことを教えているのが、『淮南子《えなんじ》』という古典に載っている「塞翁《さいおう》が馬」の故事である。

むかし、北方の塞《とりで》の近くに、一人の老人が住んでいたという。ある時、この老人の飼っていた馬が国境を越えて胡《えびす》の地に逃げていった。北方では、馬は生活必需品であるから、老人にとっては、大きな打撃になったはずである。

近所の人々が知らせを聞いて慰めにきた。ところが老人は、

「いや、いや、これがいつなんどき幸せに転じないともかぎらない」

そういって、いささかもへこたれた顔を見せなかった。

果たして数か月後、老人の馬は胡の駿馬を引きつれて帰ってきた。老人は労せずして駿馬を手に入れたのである。近所の人々がさっそくお祝いにかけつけてきた。すると老人は、

「いや、いや、これがいつなんどき不幸に転じないともかぎらない」

といって、少しもうれしそうな顔を見せなかった。

何年もたたないうちに、駿馬が駿馬を生んで、老人の家は駿馬であふれるようになる。ところがそんなある日、乗馬好きの息子が馬から落ちて足の骨を折ってしまった。

近所の人々がさっそく見舞いにやってきた。だが、老人は、

「いやなに、これがまた幸せに転じないともかぎらない」

そういって、いっこうに悲しみの色を見せない。

それから一年後、胡が国境を越えて塞に攻め込んできた。村の若者は武器をとって戦い、十人のうち九人までが戦死する。しかし、老人の息子は、足が不自由であったために戦争にかり出されないですみ、父子ともに無事であったという。

これが「塞翁が馬」の故事である。日本ではふつう「人間万事塞翁が馬」と使われるが、現代の中国では「塞翁失馬」の四字句で通用している。

それはともかくとして、この故事が教えるように、人生にはツキのある時とない時のあることは、認めざるをえない。問題は、それにどう対処するかということだ。

窮して取り乱すべからず

松下幸之助氏は、「あなたが今日ここにあるをえたのは何が原因ですか」と聞かれると、決まって、

「いやぁ、運がよかっただけですよ」

と答えるのが常だったという。これには謙遜の意味も含まれていようが、半ば以上はいつわりのない実感であるにちがいない。

乱世を生き残るには、実力もさることながら、運が伴わなければならない。運がなければ、どんなに実力があっても苦戦を免れない。ところが、この運不運というのは、人間の力ではどうにもならないところがあるから、厄介だ。

実は、あの劉邦も、松下幸之助氏と同じような述懐をしているから面白い。

劉邦は、項羽を破って皇帝の位についてから七年後、流れ矢に当たった傷が悪化して病床につく。皇后の呂后《りょこう》は、八方手をつくして天下の名医をさがし出してきた。

くだんの医者は、病床ににじり寄るなり、

「ご病気はきっとよくなりますぞ」

と声をかけた。すると劉邦は声を荒げて、

「わしは庶民の身で、剣をとって天下を制覇した。これこそ天命ではないか。運命は天の決めることだ。たとえ扁鵲《へんじゃく》（伝説上の名医）のような名医でも、どうすることもできん」

とうとう治療を許さず、そのまま医者をさがらせてしまったという。

劉邦のこの時のことばを漢文で示せば、次のようになっている。

「吾、布衣《フイ》ヲ以ッテ、三尺ノ剣ヲ提《ヒッサ》ゲテ天下ヲ取レリ。コレ天命ニアラズヤ。命《メイ》ハスナワチ天ニ在リ。扁鵲トイエドモ何ゾ益セン」

「天命」といい「命」といい、いずれも天の意志であって、人間の力ではどうすることもできないものである。

もちろん何か大きな仕事を成功させるためには、人間の努力が必要である。努力もしないで、成功を手にすることは、かりにあったとしても、ごく少ない。成功を手に入れるためには、それなりの努力が必要である。

しかし、人間の努力には限度がある。また、どんなに努力しても、その割には報われないこともある。この世の中には、人間の努力を越えたある「摂理」が働いていることを認めざるをえない。

それが劉邦のいう「天命」であり「命」なのである。彼もまたこれを持ち出すことによって、「わしが天下を取れたのは、能力のせいではない。運に恵まれたからである」と語っているのである。

ライバルの項羽は、どうか。運不運ということからいえば、彼の場合は、サイコロの目が不運のほうに出たといってよいかもしれない。

すでに述べたように、項羽は乱世のなかをフルスピードで駆けあがったが、頂上に登りつめたとたん、失速して転落した。劉邦の追撃によって、いよいよ土壇場に追いつめられた時のことである。血路を開いて長江沿岸の烏江《うこう》まで逃げのびてきたが、従う者はわずかに数騎。さすがの項羽も最期の腹を固めざるをえなかった。

この時、彼の脳裏をよぎったのも、やはり天命であったらしい。

「天ノ我ヲ亡スナリ」

と語って自刎《じふん》したという。

天命は人間の努力を越えたものであり、項羽のような英傑でも、いかんともしがたいものであった。天命を自覚し、甘んじて従ったところに、悲劇の英雄にふさわしい「男の美学」を見ることもできるのである。

運を天にまかす「男の美学」

人生には運不運がつきものであり、しかもそれは、人間の力では予測できないものである。これはとくに長い乱世のなかを生きてきた中国人にとって、共通の認識であったといってよい。

だから、彼らは好調の時でも決して図に乗らず、逆境に突き落とされても決してへこたれなかった。いわゆる「得意澹然《たんぜん》、失意泰然《たいぜん》」の人生態度を養ってきた。

たとえば、『菜根譚』も次のように語っている。

「天の意志は予測することができない。試練を与えるかと思えば栄達を保証し、栄達を保証するかと思えばこんどはまた試練を下す。これにはさすがの英雄豪傑たちも振り回されたり、つまずいたりしてきた。

しかし、君子は逆境に突き落とされても甘んじて従い、平穏無事な時にも有事のさいの備えを忘れない。だから、さすがの天も腕のふるいようがないのである」

とくに、その人の真価が問われるのは、逆境に落ちた時だ。

左遷、失業、病気、失敗、破産等々、人生にはさまざまな逆境が待ち受けている。そんな時、心の落胆ぶりを顔や態度にそのまま表したり、酒の飲み方までいじましくなってしまう人がいる。これではいけない。長い人生にはこんなこともあるさと割り切り、「泰然」と構えている心の余裕が望まれるところだ。

その点、孔子という人は、さすがに人生の達人だった。

孔子は若い時から逆境のなかで育ち、政治に志してからも、失意の状態が続いた。遊説活動で諸国をめぐっていたころ、彼のうらぶれた姿を見て、「喪家《そうか》の犬」(野良犬）のようだと評した人がいたそうだが、彼の人生はまったく苦労の連続であったといってよい。

孔子のえらいところは、そういう逆境のなかにあっても、決してくじけなかったことだ。逆境にめげることなく、しぶとく生き抜いていった。

こんな話がある。

やはり諸国遊説中のこと、孔子の一行は原野のなかに立ち往生し、食糧が尽きて行き倒れ同然の有様となった。この時、子路《しろ》という弟子が、

「君子でも窮することがありますか」

と食ってかかったところ、孔子は答えたという。

「むろん君子でも窮することがある。だが、窮して取り乱すのは小人ばかりだ」

君子（立派な人物）というのは、どんな逆境に突き落とされても、泣いたり叫んだり、とり乱したりはしないものだというのである。

『易経』という古典に、「窮スレバ則チ変ジ、変ズレバ則チ通ズ」とある。

かりに逆境のなかにあったとしても、いつまでもそういう状態が続くわけではない。ふたたび運がめぐってくることを信じて、しぶとく生きていきたいものである。

2　逆境にある時は「忍」に徹せよ！

小さな我慢ができないようでは大きな仕事を仕損じる　（孔子）

どんなに深く井戸を掘ったとしても、水脈に達しないうちにあきらめてしまっては、なんにもならない　（孟子）

百里の道のりを旅する者は、九十里をもって半分と心得なければならない　（戦国策）

臥薪嘗胆の故事に学ぶ

逆境にある時の心構えとして、まず第一にあげなければならないのは「忍」である。辛抱、辛抱と自分にいいきかせながら、ガードを固くし、姿勢を低くして耐えていく。これがなかったら、逆境を乗り切ることができない。

もっともまずいのは、軽挙妄動である。苦しさに耐えかねて飛び出していけば、いよいよ深みにはまり、身動きがとれなくなってしまう。悪あがきは、くれぐれもいましめなければならない。

それを教えているのが、「臥薪嘗胆《がしんしょうたん》」の故事である。

春秋時代の末期、江南地方に台頭した呉《ご》と越《えつ》両国のあいだで激しい戦いがくりひろげられた。これを「呉越の戦い」という。

『十八史略』によれば、呉王夫差《ふさ》は、越王勾践《こうせん》に敗れた父の仇を討つため、薪《たきぎ》の上に寝起きし（臥薪）、痛みをこらえながら復讐の念を新たにした。そして数年後、ついに勾践を会稽山《かいけいざん》に追いつめて、これを降服せしめる。

一方、敗れた勾践は、これまたひそかに復讐を誓い、干したキモをなめてはその苦さを味わいながら（嘗胆）、

「これ勾践よ、会稽の恥を忘れるでないぞ」

と自分にいいきかせて復讐の念をかきたてた。勾践が首尾よく夫差を破って「会稽の恥」をすすいだのは、それから十二年後のことだという。そのねばりたるや、並たいていのものではない。

もっとも勾践の十二年間にわたる「嘗胆」は、たんにガードを固くして守りに徹していたのではない。彼はじっと苦しみに耐えながら、

一　国力の充実につとめる

二 チャンスを待つ

この二つのことを心がけていたのである。

こんな時、もっともまずいのは自分の力も考えないで外に討って出ることである。そんな破れかぶれは通用しない。やはり、辛抱すべき時には辛抱して、じっとチャンスを待たなければならないのである。

『孫子』の兵法にも、

「勝算なきは戦うなかれ」

とあるが、情況が不利な時には、ひたすら守りを固めて力を蓄えながら、チャンスを待たなければならない。自分の力もはからず、飛び出して玉砕してしまったのでは、元も子もないではないか。

ただし、苦しみに耐えるといっても、おれはつらいんだとか、おれは苦しいんだといった気持ちを、顔や態度に出さないほうがよい。かりにそんな態度をしたところで、なさけない奴だと思われるのがオチである。同じ耐えるにしても、涼しい顔をして耐えていきたい。頑張るにしても、さわやかな頑張り方をしたい。

忍ぶべきところを忍んだ劉邦の度量

劉邦についても、まったく同じことがいえる。彼が天下を取れたのは、忍ぶべきところは忍んでじっとチャンスを待ったからである。

劉邦と項羽は、もともと同じ反秦連合軍に属して、別々のルートから秦の都咸陽《かんよう》をめざした。兵力の上では項羽の軍団が主力を形成していたが、皮肉にも咸陽一番乗りを果たしたのは劉邦のほうだった。この時彼が、「法三章」の布告を発して占領地の人心収攬につとめたことは、すでに述べた。これで劉邦の声望は一挙に高まる。

項羽としては面白くない。咸陽近郊の鴻門《こうもん》に布陣するや、矛先を劉邦に向け、全軍に攻撃準備を指示した。昨日の友は今日の敵である。しかし、同士討ちであろうとなんであろうと、自分の勢力を脅かすものは早めに始末しなければならない。これが項羽の腹だった。

さて劉邦である。どうしたかというと、項羽の陣屋に出向いて行って、詫びを入れたのである。この時、項羽の軍団は四十万、劉邦の軍は十万であったという。戦っても勝ち目は薄いと見なければならない。勝ち目のない戦《いくさ》をするのは愚の骨頂である。

そう判断して頭を下げたわけだ。

もともと理不尽なのは項羽の側である。劉邦には、頭を下げる筋合いは何もなかった。しかし彼は耐えがたきを耐え、あえて詫びを入れたのだった。

項羽の理不尽な仕打ちは、これだけにとどまらない。

秦を打倒したあとの論功行賞は、実力第一人者である項羽の指導権のもとに行なわれた。そのさい問題になったのが、劉邦に対する処遇である。

連合軍内の取り決めでは、咸陽に一番乗りした者には、そのあたり一帯の関中《かんちゅう》の地が与えられることになっていた。関中は渭水《いすい》をいだく肥沃の地で、地形にも恵まれている。項羽としては、ライバルの劉邦に、こんな所に腰をすえられたのでは具合が悪い。いったい、どうしたものかと、軍師の范増《はんぞう》にはかった。

「巴《は》、蜀《しょく》の地は道が険しく交通に不便。それに蜀には、秦の流人どもが追いやられておりますな」

「そうだ。だいいち巴、蜀だって関中の内だ」

こうして項羽は勝手な理屈をつけて、劉邦を辺地である蜀の漢中に追いやったのだ。

劉邦としてはたぶん、はらわたが煮えくり返るような思いであったにちがいない。だが、いま事を構えるのは項羽の思うツボである。かりに戦っても勝算はない。劉邦は、この時も忍びがたきを忍んで辺地におもむいたのだった。

ちなみに劉邦が相手の隙をついて項羽打倒の兵を挙げたのは、それから一年後のことである。

「韓信の股くぐり」の教え

逆境はつらい。無視されるだけなら、まだ我慢もできる。時には軽蔑のまなざしや嘲笑にも耐えていかなければならない。そこをこらえるのが、ならぬ勘忍なのである。

漢の劉邦に仕えた将軍に、韓信《かんしん》という人物がいた。百万もの大軍を自由自在に動かすことができたといわれるが、そのような才能を十二分に発揮して劉邦の覇業に貢献した。

この韓信という人物も、名もない庶民の出身で、世に出るまでにずいぶんと苦労したらしい。青年時代、人の家に居候をしながら、正業にもつかないでぶらぶらしていた頃の話である。当時、ひまにまかせて、毎日のように近くの川に釣りに出かけていた。川には、数人の老婆が木綿を晒《さら》していたが、なかの一人が韓信の飢えているのを見かねて、飯を与えた。

この施しは、晒し作業が終わるまで数十日間も続いた。韓信はすっかり喜んで、

「いつか必ずこのご恩に報いますぞ」

と礼を述べたところ、逆に老婆に叱りつけられたという。

「大の男が自分一人の口さえ養えないなんて。哀れな若者だと思えばこそ、飯を食わせてやったんだ。お礼がほしくてやったんじゃない。バカなことはいわないでおくれ」

これには韓信も一言もなかったにちがいない。いずれにしても、木綿晒しの老婆に同情されるくらいだから、韓信の困窮ぶりは相当なものだった。

やはりその頃のこと、町の屠殺屋の小僧で、日頃から韓信を目の敵《かたき》にしていた若者がいた。ある日、道ですれちがった時、この若者が韓信にからんできた。

「やい、やい、でっかい図体に剣などぶら下げやがって、格好ばかりは一人前だが、肝っ玉のほうはからきしだろう」

何ごとならんと、大勢人だかりがしてくる。若者は嵩《かさ》にかかっていいつのった。

「やい、命を投げ出す度胸があるなら、このおれを刺してみろ。それが怖けりゃ、股《また》をくぐれ」

これにはさすがに韓信も、腹に据えかねるものがあったにちがいない。だが、彼は

しばらく若者の顔を見つめていたが、やがて地べたに這《は》いつくばるなり、股をくぐってみせた。それを見たまわりの見物人は、口々に、臆病者よとはやしたてたという。

これが有名な「韓信の股くぐり」の故事である。

韓信の力をもってすれば、若者の一人や二人、とりおさえることなど、なんでもなかったにちがいない。しかし彼は、こんなことにかかわってもつまらんと、あえて「股くぐり」の屈辱に耐えたのだった。

孔子も『論語』のなかで、

「小さな我慢ができないようでは大きな仕事を仕損じる」

と語っているが、韓信の気持ちもこれだったにちがいない。


不動心で逆境に対処せよ！


先にも述べたように、孔子は人生の苦労人だった。貧しい家に生まれ、生活の辛酸をつぶさになめて育ったらしい。

のちに、ある人が孔子をさして、

「あの方は多芸なお人だ、大工仕事でも車引きでも、なんでもおできになる」

と評したのを聞いて、こう語ったという。

「わたしは若い頃苦労したので、自然、つまらぬ仕事までおぼえたのだ。しかし、多芸だというのは、ほめたことではない。君子とは縁のない話だ」

生活のためには、あれはいや、これはいやと、仕事を嫌っている余裕などなかったのである。生活の足しになる仕事なら、何でもやらざるをえなかったのだ。

孔子は、そういう逆境のなかに育ちながら、いささかもへこたれなかった。それどころか、自分を鍛え、自分を向上させるために、絶えざる精進を続けた。

ある時、子路という弟子が政治家としての心構えについてたずねた時、孔子は、

「人民の先頭に立つこと、人民に対するいたわりを忘れぬことだ」

と答えた。子路がさらにその先をうながしたところ、

「たゆまず精進を続けることだ」

と答えている。漢文で示すと、「倦《ウ》ムコトナカレ」である。

孔子の生涯こそ、倦むことのない精進であったといってよい。

さる人が子路に向かって、孔子とはどんな人物ですか、とたずねた時、子路は答えることができなかったという。それを耳にした孔子が、子路にこう語った。

「なぜ答えてくれなかったのかね。熱中すると食事のことも忘れてしまう。興が乗ると心配事もふっとんでしまう。そうして老い先の短いのも忘れている男だ、と」

いったい孔子は何に対してそれほど没頭したのであろうか。それはほかでもない、自分を鍛えることであった。

彼の志は、政治の改革にあった。この世の中に、理想の政治を実現させることが、終生の目標であった。しかし、そのためにはまず自分を鍛えなければならないと考えたのである。

彼が逆境にくじけることなく精進を続けたのは、このためであった。

『孟子』によれば、いかなる事態になっても動じないためには、不動心を養わなければならないという。では、不動心とは何か。『孟子』によれば、

一　あやしげな情報に振り回されないしっかりした判断力

二　自分は正しいことを行っているのだという確固とした信念

この二つから成っているらしい。

孔子も、このような不動心をもって逆境に対処した。だから、いささかもめげることなく、たゆまざる精進を続けることができたのである。

3 男は大器晩成と心得よ!

人が一回でできたことを、自分は百回やってみる。人が十回でできたことを自分は千回やってみる。そうすれば、何事もできないことはない（中庸）

千里の道も、一歩一歩を積み重ねなければ、到達することができない（荀子）

逆境の中でも人生を楽しみ、順調のなかでも人生を楽しむ（荘子）

愚公に学びたいユックリズム

あせりは判断を狂わす元である。どんな場合にも、あせりは禁物であるが、とくに逆境におかれた時は、ユックリズムで、どんと構えているくらいの余裕がほしい。

一般に、われわれ日本人はせっかちである。道を歩くにしても、前かがみになって、せかせか歩いている人が多い。これと対照的なのが中国人である。彼らは、決して急がない。

どちらがいいとはいえない。それぞれに一長一短があるであろう。しかし、急ぐことに熱心なわれわれ日本人は、もう少し中国人のユックリズムを見習ったほうがいいのかもしれない。
　中国人のユックリズムをよく物語っているのが『列子《れっし》』という古典に載っている
「愚公、山を移す」の故事だ。それは、こんな話である。
　太行《たいこう》、王屋《おうおく》という二つの山があった。周囲七百里、高さ一万仭《じん》もあろうかという大
きな山である。この二つの山は、むかし、冀《き》州の南、河陽《かよう》の北にあった。
　北山《ほくざん》の愚公（おろか者）と呼ばれる九十歳近い老人がいた。山のふもとに住んでい
たが、南が山でふさがっているので、出入りが不便でしかたがない。ある時、愚公は
家族を集めて相談した。
「どうだな、お前たち、いっしょに力を合わせて山を平らにしようではないか。そう
すれば、予州《よしゆう》にだって漢水《かんすい》にだって、かんたんに行けるぞ」
　みんなは賛成した。ところが妻だけは反対である。
「あなたの力では、そのへんの小さな丘だってくずせないでしょう。太行、王屋のあ
の大きな山をどうしようというのです。それに、くずしたところで土や石はどうしま
すか」

「渤海湾のはずれ、隠土《いんど》の北に捨てよう」

とみんなはいった。

こうして息子と孫をつれ、三人の男手で山をくずしにかかった。石を割り、土を堀り、土砂を箕《み》やもっこで、渤海のはずれめざして運び始めた。隣に京城《けいじょう》氏という未亡人が住んでいた。その息子はまだやっと歯が抜けかわる年頃だったが、小躍りしてこの仕事を手伝った。だが、一往復するのに半年かかってしまう。

これを見て、河曲《かきょく》の知叟《ちそう》（りこう者）が笑った。

「なんとバカげたことをするものだ。老い先短いお前さんにゃ、山のかけら一つくずせまい。まして、あの大きな山の土や石をどうするつもりなのじゃ」

愚公は答えた。

「おまえさんもずいぶんわからず屋だな。隣の女子供のほうがずっとものわかりがいいぞ。いいか、わしが死んでも子供がいる。子供が孫を生む。孫がまた子供を生む。子供にまた子供ができる。その子供に孫ができる。こうして子々孫々受け継いで絶えることがない、だが、山はいま以上高くならない。平らにできないことがあるものか」

知叟は返すことばがなかった。

やがて愚公の熱意は、天帝を動かす。天帝は、二つの山のうち、一つを朔東《さくとう》に、一つを雍南《ようなん》に移すように命じた。そのため、冀州から南、漢水にいたるまでの地域には小さな丘さえなくなってしまったのだという。

これが有名な「愚公、山を移す」の故事である。

大器晩成の精神が男の器量をでっかくする

愚公のユックリズムは、現代中国にも脈々と受け継がれている。

われわれ日本人は、何か仕事をする時には、一年後、二年後には利益をあげようとする。計画を立てるにしても、視野に入れるのは、長くてせいぜい五年先、十年先といったところだ。

その点、中国人は息が長い。十年先どころか、百年単位でものごとを考えようとする。たとえば、「友好」を口にする時でも、

「子々孫々、友好下去」

という。「子々孫々」というあたり、まったく愚公と同じ発想ではないか。

だから、彼らは決してあせらない。せっかちなわれわれから見ると、いささかスロ

ーモーの嫌いがないでもないが、彼らはいっこうにあわてない。

なぜ中国人に、こういう悠々たる生活態度が身についたのであろうか。

一つはいうまでもなく広大な風土の影響であるが、もう一つは彼らの持っている二元的な価値観とも関係があるように思われる。

中国人も、努力してしかるべき地位につきたいという欲求を持っている。みんながそう思っているから、当然、競争も激しい。しかし、彼らの場合、それと同時に、それぞれの分に安んじて人生を楽しみたいという願いも強い。二つの価値観がうまくバランスがとれているのである。

地位の獲得にしか意味を見い出せない社会は、どうしても競争が過熱し、息苦しくなる。それどころか、失敗者イコール落伍者のレッテルまで貼られかねない。

その点、中国の社会には、かりに競争に敗れても、のんびり人生を楽しむというもう一つの世界が待っている。

このちがいは、お年寄りの生活風景において典型的に見ることができる。日本のお年寄りは仕事から離れてしまうと、とたんに後姿までさびしくなってしまう。ところが中国のお年寄りは小鳥などを飼って人生を楽しんでいる。

こういうゆとりは二元的な価値観から生まれてくるのであるが、それがまた中国人のユックリズムを育ててきた一つの理由であるように思われる。

人生は長い。終わってみればあっという間かもしれないが、先を見ると、そんなに短くはない。一度や二度、逆境に沈んだところで、あせることもないし、あわてることもない。いくらでも挽回はきくのである。

『菜根譚』も、次のようにアドバイスしている。

「長いあいだうずくまって力をたくわえていた鳥は、いったん飛び立てば、必ず高く舞いあがる。他に先がけて開いた花は、散るのもまた早い。

この道理さえわきまえていれば、途中でへたばる心配もないし、功をあせっていらいらすることもない」

『老子』もまた

「大器ハ晩成ス」

と語っている。あせることはない。

未完の大器にならないために

ただし、「大器晩成」といっても、努力を怠ったのでは、大成するはずがない。どんな大器でも、のんべんだらりんと毎日を送っていたのでは、いつまでたっても未完の大器に終わるのがオチであろう。

孔子が面白いことをいっている。

「飲んで食べてごろごろして、さっぱり頭を使わない連中は、まったく困ったものだ。サイコロ遊びや碁でもやっているほうが、まだましだ」

ひまをもてあましてごろごろしていたのでは、かりに素質に恵まれたとしても、進歩しない。それくらいなら、マージャンでもいい、パチンコでもいい、何かやっていたほうがまだ見込みがあるというのだ。

要するに、努力をしない人間はダメだというのである。

これは、どんな立場の人間にもあてはまることであるが、とくに逆境にある人間に望まれるのは、これであろう。決してあせる必要はないが、それと同時に、人一倍の努力がなかったら、逆境を脱することができない。

東晋の時代に、陶侃《とうかん》という名将がいた。中央の実力者にその功績をねたまれ、南のはずれの広州の長官に左遷された時のことである。

並の人間なら、くさって酒でも飲んでいるところだが、彼はちがっていた。仕事に精励したばかりでなく、毎朝、百枚の大瓦を屋外に運び出し、夕方には屋内に運び入れるという作業を日課としていた。

何のためにそんなことをするのか、誰しも疑問をいだいたにちがいない。ある者が理由をたずねたところ、陶侃は、

「いつかはまた第一線に立たなければならん。その日に備えて、労苦に耐える訓練をしているのだ」

と答えたという。中央に呼びもどされる日が再びやってくるかどうか、まったくわからないのである。それでも彼は、その日に備えて、トレーニングに余念がなかったのだ。

逆境にある者ほど、このような心構えが望まれるのかもしれない。

4 ピンチをしのぎつつ将来の布石を忘れるな！

苦中の苦をなめなければ、人の上に立つ人物にはなれない
（通俗篇）

いまの幸せがいつまでも続くと思うな。最初の困難にくじけて逃げ腰になるな
（洪自誠）

読書にのみふけって思索を怠ると、知識が身につかない。思索にのみふけって読書を怠ると、独善的になる
（孔子）

絶体絶命の危機を乗り越えた劉邦のしぶとさ

逆境は苦しい。その苦しさに耐えていくねばり強さがなかったら、乗り切ることができない。これはいうまでもないことである。

さらに、たんに耐えるだけでなく、逆境に沈んでいる時こそ、将来への展望を開くための布石を打っておきたいところだ。自分を点検して弱点を補強し、新しい力をたくわえるのである。見方を変えれば、これをやれるのは、逆境の時をおいてほかにない。

乱世を勝ちあがっていった人々は、例外なく、しばしば重大なピンチを迎えている。彼らはそんなピンチをねばり強くしのぎながら、同時に、逆転技を用意して将来への展望を開いている。ただたんに守りを固めるだけでは、逆転に結びつけるのは容易でない。守りのなかに、強力な攻めを用意してこそ、逆転に結びつけることができるのだ。

たとえば劉邦である。

項羽の処置に不満をいだく諸侯を伴って、打倒項羽の兵を挙げた時のことだ。当時、項羽の本拠は彭城《ほうじょう》（今の徐州）にあったが、項羽の留守を見はからって、これを攻略した。ここまでは予定どおりであったが、そのあとがいけない。項羽が出先からとって返して反撃するや、劉邦の軍勢はもろくもくずれ、なだれを打って敗走した。

劉邦自身、車で脱出をはかったが、相手が激しく追撃してくるので、同乗していたわが子を再三車から突き落とそうとした。御者が見かねて、

「いかに危急の場合でも、お子さまを捨てるなど許されることではありませんぞ」

とたしなめたというから、まさに危機一髪の脱出であった。

敗残の兵をまとめて、なんとか踏みとどまったものの、腰をおろす場所さえない。

やむなく鞍をはずしてその上に腰かけながら、

「こんな有様になってしまった。さて、どうしたものか」

と、臣下にはかった。すると、軍師の張良が進み出た。

「九江王黥布《げいふ》は楚の猛将ですが、項羽といさかいが絶えません。また、彭越《ほうえつ》は梁《りょう》で項羽に反旗を翻しています。まずこの二人に急使を送って味方に抱き込んでください。さらに韓信に一軍をさずけて、北方の略定にあたらせることです」

「よし、わかった」

劉邦はさっそく黥布と彭越のもとに密使を送って説得にあたらせるとともに、韓信に一軍を与え、別働隊を編成して北方に向かわせた。

劉邦の苦戦はなおも続いたが、しかし、この時打った手が、やがてじわじわと効果をあらわしてくる。すなわち、黥布と彭越の二人が項羽の足もとを脅かし、北方から東方を略定した韓信が背後から項羽の動きを牽制する態勢ができていったのだ。この結果、項羽は西に東にあわただしく軍を動かさざるをえなくなり、しだいに奔命に疲れていった。

黥布、彭越を抱き込み、韓信を起用したこの策は、いわば劉邦の放ったボディ・ブ

ローのようなものだった。『史記』も、

「ツイニ楚（項羽）ヲ破ルハ、コノ三人ノ力ナリ」

といって、三人の働きが劉邦の逆転勝利に貢献したことを認めている。

絶体絶命のピンチに立たされながら、そんな逆転技をくり出すことができたところに、劉邦のしぶとさがあったといってよい。

まず己の足もとを固めた劉備に学べ

しぶといという点では、『三国志』の劉備も負けてはいない。

すでに述べたように、劉備の人生は苦労の連続だった。少し芽が出たかと思うと、すぐにまたしくじり、いつまでたっても浮き草暮らしを抜け出すことができなかった。

それは、ある意味で当然であった。なにしろ彼は能力に乏しく、しかも初めて兵を挙げた時の手勢はごくわずかであった。現代でいえば、元手もなく手腕もない男が企業経営に乗り出したようなものである。これでは容易に成功するはずがない。

こうして劉備は、兵を挙げてから二十年たっても、荊州《けいしゅう》の劉表《りゅうひょう》のもとで居候暮らしを余儀なくされ、いっこうに芽が出なかった。一方、ライバルの曹操は、そのころ北中国一帯を制覇し、確固とした地盤を築いていた。天下を伺うライバルとはいえ、いまや月とスッポンほどのちがいである。劉備は、わが身の不甲斐なさに涙せざるをえなかった。

こんな話がある。たまたま劉表の館《やかた》に招かれて、よもやま話をしたことがあった。中座して厠《かわや》に立った時、内股に贅肉《ぜいにく》がついているのに気づいた劉備は、

「ああ、なんたることよ」

とつぶやいて落涙した。

席にもどったところ、劉表に涙の痕《あと》を見つけられ、

「おや、どうかなされましたか」

ときかれて、劉備はこう答えたという。

「わたしはこれまで何年となく戦場を駆け回っておりましたため、およそ股に肉のつくことなどなかったのですが、このところ、とんと馬に乗ることもなくなったので、すっかり肉がついてしまいました。月日のたつのは早く、老境もはや目前に迫ったというのに、いまもって大志を遂げることもかなわぬ始末。あまりの不甲斐なさに、ついつい涙を流してしまったのです」

劉備という人は、「喜怒ヲ色ニ形《アラ》ワサズ」、つまり感情を顔に出さなかったと評されている。その彼でさえ、この時ばかりは不覚にも涙を流したのだ。当時の彼が、いかに苦境に追い込まれていたか、理解できるであろう。

しかし、劉備のえらいところは、そういう苦境のただなかにありながら、けっしてへこたれなかったことだ。それどころか、彼は冷静にみずからの弱点を点検し、その補強につとめているのである。

劉備には、挙兵以来、関羽、張飛といった豪の者がついていたが、人材の層が薄かった。とくに、軍師らしい軍師がいなかった。その弱点を誰よりも熟知していたのが劉備であったにちがいない。彼はこの頃、しきりに人材を物色して幕下に迎えているのだ。

なかでも大きな収穫は、諸葛孔明《しょかつこうめい》を得たことである。「三顧《さんこ》の礼」を払って軍師に迎えるや、作戦計画の策定はあげて孔明にゆだねたという。この時を境に、劉備の運は急速に開けていく。名軍師の計謀が劉備の生き残りに大きく寄与したのである。

苦境のただなかにあっても、将来への布石を忘れないあたり、劉備はさすがに傑物であったといってよいだろう。

逆境の中でこそ鍛えられる

「電力の鬼」といわれた松永安左衛門は、ボンボンの社長などが面会にくると、よく、

「人間はな、三つのことを経験しないと一人前にはなれん。一つは闘病、二つめは浪人、三つめは投獄だ」

といって、相手をケムに巻いていたという。彼自身、この三つのことを三つとも体験したというから、それなりの説得力はあるわけだ。

私事で恐縮だが、私はさすがに投獄の経験はない。だが、闘病と浪人の二つは経験している。まず闘病であるが、大学に入る前、胸をやられて療養所のベッドに一年間釘づけになった。こうなると、ひたすら耐えながら療養に専念するしかない。この一年間で、競争場裡に身を置くことの空しさが思われて、人生観まで変わってしまった。

次に浪人であるが、大学を出てから数年間、ほとんど定職につかなかった。好んでそうしたわけでもないし、とくに選り好みが激しかったわけでもない。職につこうにも、職らしい職がなかったのである。この数年間の浪人暮らしで、私は人の情と冷たさが身にしみた。少しキザないい方を許してもらえば、人を見る眼が養われたといってもよい。

松永安左衛門が語るように、この二つを体験することによって一人前になれたかどうかは、自信がない。だが、人生の見方が変わったことは、確かである。

ところで、松永と同じことを、中国の古典もさまざまな角度から語っている。ここでは二つだけ紹介しておこう。まず『孟子』である。

「徳慧《トクケイ》術知《ジユツチ》アル者ハ恒《ツネ》ニ疢疾《チンシツ》ニ存ス」

立派な人格、したたかな駆け引きは、逆境のなかで身につくものだ、というのである。

次は『菜根譚』である。これは訳文で示そう。

「逆境や貧困は、人間をたくましく鍛えあげる溶鉱炉のようなものだ。このなかで鍛えられれば、心身ともに強健となる。鍛えられる機会を持たなければ、ろくな人間には育たない」

山中鹿之介のように、「われに七難八苦を与えたまえ」と祈るほどのこともないであろうが、逆境も捨てたものではないのである。要は心構えしだいということであろうか。

3章

自分を大きくする四つの分岐点

1 「稀に見る傑物」になるために

求めようという気持ちがなければ、何物も得ることができない（左伝）

燕や雀のような小さな鳥には、鴻《おおとり》や鵠《はくちょう》のような大きな鳥の志はわからない（陳勝）

男なら人生意気に感じるものだ。功名のいかんは問題でない（魏徴）

項羽のチャレンジ精神に学ぶ

項羽という人は、すでに述べたように、人間的未熟さをつかれて劉邦のまえに敗れ去った。結果からいえば、明らかに敗北者である。

だが、二十四歳で兵を挙げ、わずか三年間で覇王、つまり実力第一人者の地位にまで駆けあがっていった。その足跡にはまことにめざましいものがあり、彼もまた一個の英傑といってよい。

項羽が英傑であったゆえんは、何よりもまず旺盛なチャレンジ精神に富んでいたことだ。

こんな話がある。少年時代のこと、叔父の項梁《こうりょう》について読み書きを習ったが、いっこうにものにならない。それではと項梁は、剣術を教えてみたが、これまた上達しない。項梁がたまりかねて叱りつけたところ、項羽は平気な顔をして答えた。

「読み書きなどは、名前が書ければ十分です。剣術だって、しょせん一人をやっつけるだけ、そんなものは稽古しても仕方がないでしょう。どうせやるなら、万人を相手に戦うすべでなくては」

そこで項梁は、次に兵法を教えてみたところ、今度は項羽も喜びいさんで勉強した。だが、これも長くは続かない。要点をつかんでしまうと、もうそれきりで放り出してしまったという。

並の少年とは、一味も二味もちがっていたらしい。

また、もう少し成長してからのこと、こんな話も伝えられている。たまたま近くの町を秦の始皇帝の行列が通りかかった。項羽は叔父につれられて見物に出かけたが、この時彼は、

「いまに、あいつに取って代わってやるぞ」

とつぶやいて、

「これ、めったなことをいうでない。一族皆殺しだぞ」

と叔父にたしなめられている。

ちなみに項羽のことばを漢文で示せば、

「彼、取ッテ代ルベキナリ」

である。

始皇帝は絶対の権力者である。選挙の洗礼を経なければならない現代の大統領や総理大臣とは、わけがちがう。そういう相手を権力の座から引きずり下ろして、自分が代わってやるというのだ。

できるかできないかは、やってみなければわからない。問題は、やってみようという意志であり、チャレンジ精神である。

項羽の急激な台頭を可能にしたのは、何よりもまず、このチャレンジ精神であったといってよい。

一つの目標に向けられた若き項羽の野心

項羽の話をもう少し続けよう。

挙兵して間もなく、まだ反秦連合軍の一部将として戦っていた時のことだ。折しも同盟国の趙《ちょう》が秦軍に包囲されて苦戦していた。

項羽は、これの救援を命じられる。だが、彼はこの命令には二つの理由で不満だった。

一つは、彼に与えられたポストは次将にすぎず、総司令官にはまったく実績のない宋義《そうぎ》という人物が任命されたことである。二つめは、もともと彼は直接、秦の都咸陽をめざしたかったのであるが、その希望が入れられなかったことだ。

二重の意味で不満をおぼえたが、しかし、一部将にすぎない項羽には、この決定をくつがえすだけの政治力がない。やむなく宋義に従って趙に赴いたが、彼の本領が発揮されるのは、むしろ、このあとのことである。

さて、趙の救援を命じられた宋義は、はるか手前に軍をとどめたまま、それ以上進もうとしない。こうして一か月たった。業《ごう》を煮やしたのが次将の項羽である。彼は宋義にくってかかった。

「何をぐずぐずしておられるのか。すぐ救援に行こう。わが軍が外から攻撃し、趙軍が内から呼応すれば、秦軍を破ることなどわけもない」

しかし、宋義はとりあわない。彼のいい分はこうである。

「そうではない。牛にたかるあぶをたたいても、のみやしらみまではやっつけられない。いま秦軍は趙を攻めているが、かりに勝ったところで兵は疲れる。わが軍はそこを衝《つ》くのだ。秦軍が敗れればしめたもの、その時を待ってからでも遅くはない。まず、秦と趙を戦わせること、これが最上の策なのだ。だいたい、武器をとっては、わしは貴公に及ばぬが、こと軍略にかけては、貴公はわしの敵ではない」

宋義の策は高等戦術である。だが、こういう曲線的な策は、項羽の体質に合わない。怒った彼は、翌朝、宋義の寝所に踏み込んで首を斬った。

こうして軍権を掌握した項羽は、すぐさま全軍に進撃を命じ、趙の救援に駆けつけた。やる気満々の彼は、この時もすさまじい戦いをしたらしい。

楚軍の兵士は、いずれも一人で十人を相手にする奮戦ぶりで、彼らのあげる雄叫《おたけ》びの声があたり一帯にこだましたという。むろん項羽も陣頭に立って斬りまくる。やはり救援に駆けつけた諸侯の軍は、このような楚軍の奮戦ぶりを、ただあっけにとられて見つめるばかりだった。

この一戦に快勝したことによって項羽の威信が確立し、大将軍として揺るぎのない地位を築いたのである。時に二十六歳。

それをもたらしたのは、満々たる野心と積極果敢な戦いぶりにあったといってよい。いわば項羽は、若さの特権をフルに発揮してトップの座を手中に収めたのである。

あらゆる逆境が男の才能を芽生えさせる

若さには無限の可能性があるといっても、それはあくまでも可能性にすぎない。自分のなかに秘めている可能性を現実性に転化するためには、それにプラス、いくつかの条件を必要とする。

その条件とは、何か。

まず第一に、やらんかなという気持ちである。第二に、失敗にくじけない精神力である。

一言でいえば、旺盛なチャレンジ精神だ。これがなければ、せっかくの可能性も宝の持ちぐされに終わり、いつまでたっても花を咲かせることができない。

むかし、中国の戦国時代に蘇秦《そしん》という説客がいた。説客というのは、舌先三寸の弁舌で各国の王に遊説し、政治や外交の方策を説いた人々である。遊説がうまく成功すれば、大臣宰相の地位も夢ではなかった。

だが、彼らの多くは、地位も背景もなかった。武器は弁舌だけ、裸一貫からの出発である。そんななかで、遊説を成功させるのは、並たいていのことではない。

蘇秦も例外ではなかった。若い時、弁論術を学んで諸国遊説の旅に出たが、たちまち資金を使い果たし、しょぼくれた姿で故郷にもどってきた。それを見て、兄弟姉妹はおろか妻までが、こういって蘇秦を笑ったという。

「百姓仕事にはげむとか、商《あきな》いに精を出すとかして、二割程度手固く儲《もう》ける。それがまっとうな生き方というものでしょう。ところがおまえさまは遊説とかいって騒ぎ回っている。こんなざまになるのも、当たり前ですよ」

並の男なら、これで腰くだけになるところである。だが、蘇秦はちがっていた。この批判をバネにして、逆に発憤するのだ。

それからというもの、彼は部屋にこもりきりで、蔵書を片っぱしから読みなおした。やがて、『陰符《いんぷ》』という本にぶつかる。一説によると、太公望のあらわした兵法書だという。

蘇秦は、『陰符』の研究一筋に打ち込んだ。眠くなると、股に錐《きり》を突き刺して睡気を払う。こうして一年、ついに「揣摩《しま》」の術を会得した。「揣摩憶測《おくそく》」の揣摩である。相手の心を読みとる一種の読心術のようなものであったらしい。

やがて蘇秦は、ふたたび遊説の旅に出た。なにしろ今度は「揣摩」の術を身につけているから、相手が何を考えているか読みとることができる。それさえ読みとれば、相手を説得することなど、わけはない。

彼は、次々に各国の王を説得して「合従《がっしょう》」と呼ばれる雄大な外交戦略を成立させ、その最高責任者におさまったという。

蘇秦は、失敗しても、やる気だけは失わなかった。いや、失敗をバネにして、いっそうやる気を燃やした。そういうチャレンジ精神が、彼に成功をもたらしたのである。

蘇秦のようなチャレンジ精神がなかったら、壁を突き破ることができない。「求めよ、さらば開かれん」である。

大きな目標へ一気に突っ走れ！

やる気を出せといっても、ちゃんとした目標がなければ、空回りに終わってしまう。空回りに終わらせないためには、人生の目標をしっかりと設定してかかる必要がある。

われわれの周囲を見回すと、水の上に浮かぶ泡《あわ》のように、ふわふわただよっているような生き方をしている人が多い。

それはやる気がないというよりも、むしろ目標がないからではないか。

目標がないから、方向性もない。だから、ふわふわただよっているように見えるのだ。

若い時の目標は大きいほどよい。いま若い人たちのなかに、マイホーム志向が強いという。だが、マイホームを実現したら、そのあとに何が残るのか。何も残らないというのでは、いったい、何のための人生かといいたい。

やはり、そんな小さなものではなく、もっとデッカイ目標を立てたい。

目標が立ったら、その目標に向かって、一歩一歩、じっくりと時間をかけて進んで行くことだ。あわてる必要もないし、あせる必要もない。人生の持ち時間はたっぷり残されているのだ。

目標というのは、別のいい方をすれば、「志《こころざし》」といってもよい。「志」などというと、古いと思われるかもしれないが、決してそうではない。明代の思想家王陽明《おうようめい》も、こう語っている。「志立タザレバ、舵ナキノ舟、銜《クツワ》ナキノ馬ノ如シ」

志（目標）を持たないのは、あてどなくただよう舟、やたら暴れまわる馬のようなものだという。これでは、どんなに軽快な舟でも、どんなに足の早い馬でも、目的地にたどりつくことはできない。

人間も同じことである。やる気だけ旺盛でも、志（目標）がなければ、どんどん、とんでもない方向にそれていってしまうだろう。

『三国志』の曹操《そうそう》という人物は、裸一貫から乱世のなかを勝ちあがり、一代でよく北中国一帯を制覇しただけあって、稀に見る傑物だった。その曹操が、いかにも彼にふさわしい詩をいくつも残しているが、そのなかに、次のような一節がある。

老驥《ロウキ》、櫪《レキ》ニ伏スモ、
志、千里ニ在リ。
烈士、暮年《ボネン》、
壮心、已《ヤ》マズ

一日に千里も走る駿馬は、年老いて馬屋につながれても、志だけはなお千里のかなたにはせている。それと同じように、すぐれた人物は、力衰えた晩年になっても、やらんかなの気持ちだけは失わないものだ。

しいて訳せば、こんな意味になるかもしれない。

曹操がこの詩でいわんとしているのは、

一　遠大な志

二　やらんかなの気持ち

この二つである。どちらか一つが欠けても、うまくいかない。

まず、大きな目標を設定し、そして、それを実現するために、大いにやる気を燃やしてほしい。

2 「事上磨錬《じじょうまれん》」を怠るな！

順調な時にはいっそう気持ちをひき締めて異変に備え、難関にさしかかった時にはひたすら耐え忍んで初志を貫徹しなければならない　（洪自誠）

本は必ずしも多読する必要はない。要点をつかむことが肝心である　（程伊川）

知ることと行なうことを、別々のことだとみなしてはならない　（王陽明）

「練習に泣け！　試合に笑え！」

だれでも若い時は、

「自分を認めてくれる人はいない」

といった思いにとらわれがちである。とくに、裸一貫で社会のなかに飛び出した人ほど、この思いは深刻であろう。私は、自分の若い頃を思い出して、いまそういう立場に置かれている若い人々に対して、

「あせることはない。じっくりと自分を鍛えて、人に認めてもらえるような実力を身

につけなさい」

といいたい。

では、実力を身につけるには、どうすればよいか。月並みないい方だが、一にも努力、二にも努力以外にない。たえざる精進である。

『荀子《じゅんし》』という古典に、

「驥《キ》ハ一日ニシテ千里ナルモ、駑馬《ドバ》モ十駕《ジユウガ》スレバ、則チマタコレニ及ブ」

驥とは、一日に千里も走る名馬である。駑馬は驥の十分の一の能力しかないが、その駑馬でも休みなく十日間走り続ければ、驥と同じ行程を走ることができる、というのだ。たえざる努力の重要性を指摘したことばにほかならない。

人間にも、これが必要なのである。

もっともまずいのは、何をする意欲もなく、ゴロゴロして貴重な時間を空費しているような生き方だ。こんな生き方をしていたのではいつまでたっても実りがない。

三宅義信という、東京オリンピックの重量挙げフェザー級で、みごと金メダルを獲得した人物がいる。彼は、練習場の壁に、

「練習に泣け！　試合に笑え！」

と大書した紙をはりだし、特訓につぐ特訓を重ねた。そればかりではない。精神力を鍛えるため、わざわざマージャンに没頭して集中力を養い、パチンコをしてストレスを解消し、そのうえで試合に臨んだという。

この話は、その気になればどんなことでも、自分を鍛える材料になりうることを物語っている。

これを陽明学では、「事上磨錬《じじょうまれん》」という。日常生活のすべてのこと、どんなつまらない仕事でも、自分を鍛える材料になるという考え方だ。

どんな仕事でも手を抜かず、それを実践することによって自分を鍛える材料としてほしい。ただ漫然と時間をつぶすような、そんな生き方だけはしてほしくないと思う。

目標と方針は車の両輪である

苦労や逆境を無にしないために、しっかりした目標と、その目標に到達するための方針を持ちたい。目標についてはすでに述べたので、ここでは方針について述べよう。

目標を立てても、その目標に達するための方針が誤っていたのでは、せっかくの苦労も生きてこない。目標と方針は、いわば車の両輪のようなものである。目標と方針さえちゃんとしていれば、苦労を実りあるものにすることができる。

方針がしっかりしていなければ、どうなるか。『戦国策』にこんな話がある。

魏《ぎ》の国の安釐《あんき》王という王様が、隣国の趙《ちょう》を攻めようとした時のことである。季梁《きりょう》という家臣が旅先からとってかえし、こういって安釐王をいさめた。

「いま、帰ってくる途中、道で一人の男に会いました。車を北に走らせながら、

『楚の国に行くつもりだ』

と申します。

『南の楚の国へ行くのに、なぜ逆に北へ向かっているのか』

と聞きますと、男は、

『馬は飛びきり上等だ』

と申します。

『良い馬かもしれんが、道をまちがえている』

こういいますと、

『旅費もたっぷりある』

と申します。

『そうかもしれんが、道をまちがえている』

重ねていいますと、男は、

『いい御者がついている』

と答えます。いくら良い条件がそろっていても、これでは、ますます楚から遠ざかっていくだけです。いま、あなたは覇王たらんとして、領土を広め名をあげようとなさっている。しかし、いまここでへたに動けば、それだけ覇業から遠ざかります。南の楚に行こうとしながら、逆に北に向かって行くようなものではありませんか」

安釐王は、攻撃を断念したといわれる。

季梁のこのたとえ話のポイントは、かりにすばらしい目標をかかげて努力しても、方針が誤っていれば、努力すればするほど目標から遠ざかってしまうことを教えている点にある。

うっかりすると、われわれもついこんな誤りをおかしてしまう。これではせっかくの苦労も実を結ばない。

そうならないためには、はっきりした目標を設定し、しかも誤りのない方針の下に行動する必要がある。

3 したたかに生き、大胆に動け！

立派な人物は、自信に満ちてはいるが、むやみに人と事を構えない。よく協調はするが、派閥はつくらない　（孔子）

控えめにしていれば、辱しめを受けない。とどまることを心得ていれば、危険はない　（老子）

表むきは従いながら、かげにまわって悪口をいう。そんなことをしてはならない　（書経）

組織に埋没するなかれ

かつて私は中国の知人に、日本人をどう見ているか感想を求めたことがあった。すると知人が答えるには、

「日本人はなんといっても優秀です。しかし、あえていわせてもらえば、植林された山の木のような感じがします」

ということだった。その心は、みんな似たりよったりで粒が小さいということであろう。

この見方は、かなり的確に日本人の特徴を指摘しているように思われてならない。われわれ日本人は、一般的にいって、集団として動くことを得意としてきた。組織としてまとまりやすいし、集団として動く時に力を発揮する。これは、われわれの持っている大きな長所であろう。だが反面、個人になると、意外なもろさをさらけ出す。ちょっと壁にぶつかっただけで音をあげたり、組織を離れたとたんに元気をなくしたりする例がめずらしくない。これは、われわれの重大な短所である。

しぶとい生き方をしようとするなら、このような弱点を克服しなければならない。そのためには、集団としての強さを保持しながら、個人としてもたくましい生き方を身につける必要がある。

日本の企業では、よく組織の「和」ということが強調された。確かに社員の一人一人がバラバラに行動したり、互いにいがみ合ったりしていたのでは、組織としてのまとまりは生まれてこない。そのかぎりでは、「和」が強調されるのは当然である。

しかし、問題もないではない。というのは、「和」が強調されるあまり、型にはめられた個性のない人間ばかりふえていくことだ。知人の語った「植林された山の木のような人間」である。そんな人間ばかりふえたのでは、組織としても頼りないのではないか。

孔子は『論語』のなかで、こんなことを語っている。

「君子ハ和シテ同ゼズ、小人ハ同ジテ和セズ」

ここで孔子のいっている「和」とは個人の主体性を確立したうえで、他の人々と協調すること、「同」とはその反対で、主体性がなくて付和雷同することをいう。君子(立派な人物)は「和」はするけれども「同」はしない、小人(つまらぬ人間)は「同」はするけれども「和」はしないというのだ。

ほんとうの意味の「和」とはこういうことであるにちがいない。

われわれも、かりに組織のなかに身を置いても、組織のなかに埋没してしまわないような、そんな生き方を心がけたいものである。

甘えを断ち切り、したたかに生きろ！

自分を組織のなかに埋没させてはならない。あくまでも自分は自分なのである。

一個の独立した人格として、組織の価値観とはちがった価値観を養いたい。「私はこう生きるんだ」という自分の哲学を持ちたい。そのうえで、他の人々と協調しながら、組織のために働く、これが筋である。

自分を捨てて組織にもたれかかるような生き方は、考えようによっては、楽な生き方かもしれない。

しかし、そんな主体性のない生き方は、もはや願い下げにしたい。第一、そんな人間ばかりふえたら、組織としても活力が失われてしまうだろう。

これからの組織は、多様な価値観を持った人々が共通の目標の下に集まって、それぞれの部署で力を尽くすような組織でなければならない。結局は、そういう組織が伸びていくのである。

そのためには、一人一人がタフでしたたかな生き方を身につけなければならない。そして、したたかに生きるためには、まず自分のなかにある甘えを断ち切らなければならない。

孔子が面白いことをいっている。

「タダ女子ト小人トハ養イ難シトナス。コレヲ近ヅクレバ不遜、コレヲ遠ザクレバ怨ム」

有名なことばなので、記憶にとどめている人も多いかもしれない。訳せば、次のようになるであろう。

「女と小人は始末におえない。眼をかけてやればつけあがるし、放り出せば逆恨みする」

孔子がここで指摘しているのも、甘えにほかならない。女と小人（つまらぬ人物）にある甘えを、孔子は嫌ったのである。

独立の人格をめざす以上、こんな甘えはすみやかに断ち切らなければならない。

では、甘えを断ち切るとは、どういうことか。もう少し具体的にいえば、次のようなことを含んでいる。
一　おれはこれでいくんだという、自分の人生観、哲学を持つ
二　安易に人にもたれかからないで、自分の足で歩く
三　自分のことばや行動に責任を持つ
つまりは、人まかせの幼児性を脱するということだ。

遅くとも、三十歳までには、このような状態に自分を持っていきたい。二十代なら、少々のミスをしでかしても、まだ若いのだからと、大目に見てもらえる。しかし、三十歳にもなると、そうはいかない。自分がしたことには、自分で責任をとらなければ

ならない。それが独立した人格というものだ。孔子が、

「三十ニシテ立ツ」

と語っているのも、そういうことにほかならない。

遅くとも三十歳までには、甘えを捨てて独立した人格の形成をめざしたい。そして、それがまた、したたかに生きるための前提でもあるのだ。

「君子ノ交ワリハ淡キコト水ノゴトシ」

組織に埋没するな、甘えを断ち切れといっても、一匹狼として生きなさいということではない。そういう生き方を、私は軽々しくすすめる気にはなれない。

だいたい、人間というのは、組織に属していると否とを問わず、さまざまな人間関係のなかに身を置いて生きていかざるをえない。厳密な意味での一匹狼などというのは、もともとありえないのである。

だとすれば、人間関係にどう対処するかは、ゆるがせにできない問題である。とくに、組織のなかで生きている者にとっては、きわめて切実な問題だといってよい。

人間関係は複雑であるから、さまざまなチェック・ポイントがあってしかるべきだ

が、とりあえずここでは次の二つのことに注意を促しておきたい。

第一は間合いの取り方である。離れすぎてもいけないし、くっつきすぎてもいけない。即《つ》かず離れず、その呼吸がむずかしいのだ。

『荘子《そうじ》』という古典に、

「君子ノ交ワリハ淡キコト水ノ若《ゴト》シ。小人ノ交ワリハ甘キコト醴《レイ》ノ若シ」

とある。醴とは、甘酒である。甘酒のようにベタベタしているから、くっつくのも早いが別れるのも早い。これが小人の交わりである。その点、君子の交わりというのは、水のようにサラサラしているから長続きするというのだ。

人間関係においては、このような君子の交わりを基本としたい。

第二は節度をわきまえることである。

他人の迷惑も考えずに突っ走ることを節度がないという。そんな生き方をしていたのでは、人の憎しみを買って自滅してしまうのがオチだ。

孔子は、嫌いな人間のタイプを四つあげている。
一　他人の失敗を喜ぶ者
二　部下として仕えながら上司のかげ口をたたく者

三　ただの乱暴を勇気とはきちがえている者
四　独断を決断と勘ちがいしている者

この四つのタイプは、節度をわきまえていない点で共通している。こんなタイプが人に好かれる道理はない。

しょせん人間は、自分一人で生きていくことはできない。したがって、人間関係のよしあしが、その人の人生に大きく影響してくる。

以上述べた二つの点に留意するだけでも、人間関係はずいぶんと変わってくるにちがいない。こういう配慮も、したたかに生きるための知恵なのである。

4 己の力量をさりげなく売り込め！

天がわたしに才能を授けてくれたからには、必ずそれを用いるところがあるはずだ　（李白）

舟を呑むほどの大きな魚は、小さな支流には泳がないものだ　（列子）

豹は死して革を残すが、人間は死んだら立派な名を残さなければならない　（王彦章）

さりげなく組織内外への売り込みを計れ

実力を養ったら、今度は売り込みである。

売り込みばかり先行して実力が伴わなかったら、せっかくのポストを維持することができない。だが逆に、実力があっても売り込みがへたであれば、せっかくの実力も発揮することができない。売り込みは大事なことである。決して軽視してはならない。

あの孔子も、自分の売り込みにはきわめて積極的だった。ある時、子貢《しこう》という弟子が、孔子に向かって、

「かりに宝石が手もとにあるとしたら、先生はこれを箱に収めておきますか。それとも眼の利《き》く商人を見つけてお売りになりますか」

と謎をかけられた時、孔子は即座に答えている。

「むろん宝の持ち腐れはいやだね。私は眼の利く買手を待っているところだ」

この孔子の答えを原文で示すと、

「コレヲ沽《ウ》ランカナ、コレヲ沽ランカナ。我ハ賈《コ》ヲ待ツ者ナリ」

となる。「沽ランカナ」と、二度も繰り返しているところを見ると、孔子もよほど自分の売り込みに執心していたらしい。

売り込みを必要とするのは、孔子のように、組織の外にある人間だけとは限らない。組織の内にある人間でも、持てる力を発揮するためには、しかるべきポストを必要とする。鳴かず飛ばずで、いつまでも平社員としてくすぶっていたのでは、自分の力を発揮することができない。力を発揮するためには、上役に認められて、引き立ててもらう必要がある。

そのためには、時には、ゴマスリも必要になるし、売り込みもしなければならない。しかも、やるからには、それとわからないかたちで、さりげなくやったほうが、いっそう効果的であろう。

売り込みは一種の自己主張である。自己主張のへたな人間は、後にとり残されていく。したたかに生きるためには、自己主張に強くならなければならない。チャンスと見たら、積極的に自分を売り込んでいきたい。

チャンスと見たら何が何でも自分を売り込め

『史記《しき》』という歴史の本に、こんな話が紹介されている。

戦国時代のこと、趙《ちょう》の国の平原君《へいげんくん》という宰相が重大な使命を帯びて楚《そ》の国に使いすることになった。平原君は自分の食客のなかから、これぞという人物二十人を選んで使節団を編成しようとした。ところが十九人までは順調に人選がはかどったが、残る一人がなかなか決まらない。

すると、毛遂《もうすい》という食客がみずから名乗り出た。

「楚との交渉にさいし、われらのなかから二十名を選んで供となさる予定のところ、まだ一名が未定とうかがいました。つきましてはこのわたしを、なにとぞ一行に加えていただきたい」

「貴公はここに来られて何年になる」

「三年でございます」

「有能な人材は、たとえてみれば錐のようなもの。たとえ袋のなかに置かれていても、切尖《きつさき》はたちまち現れ出よう。ところが貴公は、わしのもとに身を寄せて三年にもなるというのに、ついぞ名を耳にしたことがない。失礼だが、頼りになるものとは思われぬ。おさがりくだされ」

ちなみに、このくだりから「嚢中《のうちゅう》の錐《きり》」ということばが生まれた。すぐれた人材は袋のなかの錐のようにたちまちその才能を発揮するという意味だ。平原君の語ったことにも、一理ないではない。

だが、毛遂は引き下がらない。

「その袋とやらに、これから入れていただきたい。もしも前々から袋のなかにあれば、切尖どころか全身脱け出ていたでしょう」

平原君は根負けして、毛遂を一行に加えた。毛遂は楚に赴いてから、大童《おおわらわ》の活躍で平原君を助け、大いに面目をほどこしたという。押しとねばりで自分を売り込んだ食客の話である。

毛遂のこの話から学ぶべき点は、二つある。

第一は、チャンスと見たら積極的に自分を売り込むことだ。

第二は、売り込みには押しとねばりが必要とされることだ。

一度や二度の失敗にくじけることなく、ねばり強くアタックしてみたい。

諸葛孔明の力量はこうして見い出された

しかし毛遂のようなストレートな売り込みは、フリーの立場にいる人でも、それをやれる機会はそんなに多くはないだろう。まして、組織のなかにいる人には、あまり関係ないというのが実情であるかもしれない。

それに、日本のようなウェットな社会でこれをやったのでは、露骨だとか、えげつないとかいって白い眼を向けられるのがオチかもしれない。それでは売り込みどころか、かえって逆効果だ。

では、もっと実際的で、しかも効果的な売り込みの方法はないものだろうか。

少々まわりくどいようだが、次の二つのことをすすめたい。

第一は、自分に付加価値をつけ、仕事の上で実績をあげることだ。迂遠なようだが、これが結局は売り込みを成功させる近道なのかもしれない。宣伝よりも品質で勝負というわけだ。

第二に、ふだんから人間関係に留意し、一人でも多くの理解者（味方）を持つよう努力することだ。なんだかんだいっても、日本の社会は人間関係で動いている。よい理解者を持つことは、その人にとって大きな財産になるのである。

『三国志』の名軍師といえば、諸葛孔明であるが、その彼が「三顧の礼」を払われて劉備の軍師に迎えられた時は、わずかに二十七歳、無名の若造にすぎなかった。若くて無名の孔明が、世に出るキッカケをつかむことになったのは、次の二つの理由による。

一つは、よい人間関係を持ち、理解者に恵まれていたことだ。彼らが、
「この土地に伏竜（孔明の青年時代の通称）がいる」
といって劉備に推薦してくれたのだ。

推薦者が立派でも、本人に実力がなければなにもならない。孔明は劉備に会った時、「天下三分の計」という雄大な戦略構想をぶちあげて劉備をうならせた。これが、軍師に登用された第二の理由になるのである。

つまり孔明の場合も、実力があって、しかもよい人間関係に恵まれたことが、世に出るキッカケをつかむことになったのだ。

売り込みといっても、格別の奇策があるわけではない。へたに奇策など弄したら、かえってヤブ蛇だ。実力を養い、人間関係を築きながら、じっくりとチャンスを待ちたい。

4章

先の先まで読みつくす男の才覚

1 人間を読み、主導権をにぎれ！

人を見るのに、現在の行為を観察するばかりでなく、さかのぼってその動機は何か、また目的は何かを仔細に吟味すれば、その人の本性がわかる　（孔子）

相手のことばを聞き、さらにそのひとみを見れば、どんな人間であるか読みとることができる　（孟子）

相手を知ろうとするなら、その友人を見ればよい　（荀子）

百戦危うからずの構え

自分の置かれている情況を的確に読みとり、そのうえで、適切な対策を立てる。これが失敗を免れる近道である。

周囲の状況も読まずに、がむしゃらに動き回ったところで、その割に効果はあがらない。

『孫子』の兵法も、

「彼ヲ知リ己ヲ知レバ、百戦シテ殆《アヤ》ウカラズ」

と、力説している。

勝利を収めるためには、敵の力、味方の力、周囲の情況をしっかりと把握してかからなければならない。

とくに、現代のように動きの激しい時代にあっては、周囲の情況ばかりでなく、先の先まで読んで対処する必要がある。そうでなければ、たちまち時代にもとり残されてしまう。

先を読んで適切な対策を立てられる能力に恵まれていると、人生の先行きもずいぶんとちがってくるものだ。その能力を一字の漢字で示すと、「智」ということになる。「智」という字は常用漢字から省かれてしまって「知」で代用されているらしいので、あるいは、なじみの薄い向きがいるかもしれない。

「智」とは、つまらない知識をいっぱい頭につめ込んでいることではない。もっと、本質的な能力を意味している。それは何かというと、次の二つのことばをもって説明することができよう。

「智者ハ未萌《ミホウ》ニ見ル」（『戦国策』）

「智ハ患《ワザワイ》ヲ免ルルヲ貴《タット》ブ」（『三国志』）

つまり、ものごとがまだ兆《きざ》さない段階（未萌）にその動きを察知し、事態が悪化しないうちに適切な対策を講じられる能力、これが「智」なのだ。

『孫子』はリーダー（将たる者）の条件の第一にこの「智」をあげているが、「智」が必要なのは、なにもリーダーだけとは限らない。「智」がなかったら、現代のような動きの激しい時代を生き残ることはできないのである。

人間を読む！

社会や組織というのは、結局は人間の集まりである。だから、情況を読むためには人間を読まなければならない。人間が読めなかったら、やはり失敗を免れないのである。

では、人間を読むとは、どういうことか。

孔子が、うまいことをいっている。会社で上役に仕える場合、やってはならないことが三つあるという。その三つとは、せっかち、隠しだて、盲目である。

「せっかちとは、聞かれもしないのに口を出すこと。隠しだてとは、聞かれても答えないこと。盲目とは、相手の表情も見ないで勝手にしゃべること」

と孔子は説明しているが、なるほど、こんなことをやっていたのでは、上役に好かれるわけはない。

実をいうと、私は三十代の十年間、ある団体に勤めた経験を持っているが、あとで考えると、三つとも孔子の教えに反していた。とくに、上役の顔色も読まないで、勝手にまくしたてることが多かったように思う。こんなことをやっていたのでは、どうしても上役との関係が険悪になり、組織のなかにいづらくなる。

いま私は、そのことを悔いてはいないが、上役を読む才能に欠けていたことだけは認めざるをえない。組織のなかで生きようとするからには、これではやはり困るのである。上役と話をする時には、やはり相手の顔色を読むことを忘れてはならない。

上役との関係だけではない。友人関係についても同じことがいえよう。よい友人を持てるかどうかで、その人の人生がずいぶんと変わってくる。

孔子によれば、友人には、ためになる友人とためにならない友人があるという。

「剛直な人、誠実な人、教養のある人、これはつき合えばためになる。易《やす》きにつく人、人ざわりばかりよい人、口先だけのうまい人、これはつき合ってもためにならない」

できれば、ためになる人を友人に持ちたいものだが、それにもやはり人間を読む力が要求されるのである。

友人よりもいっそう深刻なのが連れそう相手の選択である。友人の場合は、いやになったら交わりを絶てばそれですむが、女房の場合は、それほど簡単にはいかない。へたをすると、一生の不作をかこつことにもなりかねないのだ。

ホレたハレたもいいが、その一方では、先輩友人の意見も参考にしながら、よほど冷静に相手を研究してかからなければならない。そしてここでも決め手になるのが、あなた自身の人間を読む力なのである。

人間を読む力に欠けていたら、あらゆる面で不利益を免れない。

相手の心を読む！

人間を読もうとするなら、さらに踏み込んで相手の心を読まなければならない。心が読めれば、人間関係の対応を誤ることが、ぐんと少なくなる。

さきに紹介した蘇秦《そしん》という「説客」は、「揣摩《しま》」と呼ぶ読心術を会得することによって相手の心を読み、次々と遊説を成功させた。相手の心が読めれば、いかようにも話の持っていきようがあるというものだ。

『孫子』によれば、戦いに勝つためには、

「人ヲ致シテ、人ニ致サレズ」

つまり、主導権をにぎらなければならないという。交渉や説得の場においても、相手の心が読めれば、主導権をにぎって、「戦い」を有利にすすめることができよう。

蘇秦だけではない。この時代に活躍した「説客」たちのなかには、相手の心を読む名人がほかにも大勢いた。たとえば淳于髡《じゅんうこん》という交渉巧者である。この人については、こんな話が伝えられている。

淳于髡が、さる人物の紹介で、魏《ぎ》の国の恵《けい》王という王様と会見した時のことである。請じ入れられて定めの席についたが、終始おし黙ったまま一言も口をきかなかったという。そこで恵王は、日をあらためて再度席を設けたが、またもや口をきこうとしない。怒った恵王は、あとで紹介者を呼んで、どなりちらした。

「そなた、あの男を天下の弁舌の士だなどとほめちぎっていたが、いざ会ってみると、一言も口をきかぬ。いったい、いかなる子細あってのことか」

これを聞いた淳于髡は、こういって弁解した。

「それは当然です。初めてお会いした時、王は馬のことばかり考えておられた。二度目の時は、もっぱら音楽に心を奪われていました。それで私はあえて一言も申しあげなかったのです」

驚いたのは恵王である。

「いやぁ、まったくそのとおりだ。最初の時は、先生との会見はうわの空で、駿馬のことばかり考えていた。二度目の時も、歌姫の歌を聞きにいこうと、そのことに気をとられていた。先生には申し訳ないことをしてしまった」

こうして間もなく三度目の会見が実現したが、恵王も今度こそは、心から耳を傾ける態度を見せた。淳于髡は恵王を相手に三日三晩も語りあかしてうまなかったという。

『史記』によれば、淳于髡の弁舌の特徴は、

「意ヲ承《ウ》ケ、色ヲ観《ミ》ルヲ務メトス」

であったという。相手の表情や態度をつぶさに観察して、その意向をおしはかったのである。こんな芸を身につけていれば、相手を説得することなど、わけもなかったにちがいない。

2　非凡な洞察力はこうして磨かれる

自分には何がわかっているか、また何がわかっていないか、この区別がつくこと、それがわかるということなのだ　（孔子）

発言して核心を衝くのも知、沈黙によって核心を衝くのも知である　（荀子）

知るということはむずかしいことではない。知ったうえでどう行動するかがむずかしいのである　（韓非子）

情報量をふやし、「智」を磨け！

情況を読む力が「智」だといったが、「智」はまた洞察力といってもいいし、判断力といってもよい。

では、「智」を磨くにはどうすればよいか。できるだけ頭のトレーニングを欠かさないことである。そのためには、まず本を読む習慣を身につけたい。

本にもいろいろあるが、私は第一に、古典と歴史の本を読むことをすすめたい。古典というのは、千年も二千年ものあいだ、多くの人によって読みつがれてきた本だ。

いわば先人たちの知恵の結晶である。それを読むことによって、人間を見る眼を養い、人生を生きる英知を教えられるであろう。

また、歴史の本というのは、ある意味で、事例集といってよい。歴史に同じことは起こりえないという。だが、似たような事例は、いくらでも起こっている。歴史を読むことによって、現代への洞察力を深めることは大いに可能なのである。

『論語』に、「温故知新《おんこちしん》」という有名なことばがある。漢文で読めば、「故《フル》キヲ温《タズ》ネテ新シキヲ知ル」となろう。歴史を深く研究することによって現代への認識を深めていく、という意味である。歴史を読む意義は、まさにこういう点にあるといってよい。

ただし、最近の歴史家はあまり人間を書かなくなったので、彼らの書く歴史の本は読んで面白くない。そこで、人間を中心に書いている史伝小説とか人物評伝のたぐいから読んだほうが、歴史に対する興味もわき、洞察力を深めるうえでも参考になるだろう。

かつて中国のトップとして近代化を進めた胡耀邦氏が、党の中堅幹部を集めて、

「幹部たるもの、少なくとも二億字の本を読め」

と語った話は、広く知られている。中国語で二億字の本というのは、日本語に翻訳

すると、約二千冊ぐらいの本にあたる。週に一冊読んでも、年間で五、六十冊ぐらいにしかならない。二億字の本というのは、まさに生涯学習のすすめといってよいだろう。

しかも、胡耀邦氏は、こういう本を読めと、リストまで示している。それによると、

一　マルクス・レーニン主義、毛沢東選集
二　歴史の本
三　古文（古典）
四　若干の国際関係の本
五　若干の技術関係の本

一番目に、マルクス・レーニン主義、毛沢東選集があげられているのは、お国柄と理解すべきであろう。彼がいわんとしているのは、明らかに、第二、第三の歴史の本と古典である。彼もまた、歴史の本や古典を読むことは、現代を洞察し、現代を生きるうえで、大いに参考になると考えていたのだ。

知識を洞察力に結びつける二つの心得

歴史の本や古典を読めといっても、その他の本は読むなというのではない。的確な洞察力を発揮するためには、情報量は多いほどよい。つまらない情報をいくらつめ込んでも仕方がないが、価値ある情報なら多いほどよいのである。

そのような情報を仕入れるためには、できるだけ幅広く、本や雑誌を読みたい。自分の専門を持っている人でも、専門以外のことは知らないというのでは困るのである。専門オンチにならないよう、他の分野の動きにも目を配っていなければならない。それが結局は自分の専門にも役立つのである。

ただし、本や雑誌を読んでも、それがただちに洞察力に結びつくとは限らない。読んで得た知識を洞察力に結びつけるためには、次の二つの心構えを必要とする。

第一は、自分の頭で考えることである。これをしなければ、せっかくの知識も身につかない。

孔子も、

「学ビテ思ワザレバ則チ罔《クラ》シ」

と語っている。読書にのみふけって思索を怠ると、知識が身につかない、というのだ。知識は、思索をプラスすることによって、初めて生きた知識となるのである。

第二は、実践で検証することも忘れてはならない。

本で得た知識は、せいぜいのところ、ものごとの原理原則である。原理原則を頭にたたき込んでおけば勝てるかというと、そうはいかない。

肝心なのは臨機応変の運用だと『孫子』も語っている。つまり、情況の変化、相手の出方に応じて原理原則を使い分けていく柔軟な対応をしなければ、戦《いくさ》には勝てないというのだ。

そのためには、原理原則の習得もさることながら、それと同時に、実践のなかで経験を積むことが望まれる。

これはやばいとか、これはくさいとか、本能的に危険を察知する能力を、「動物的嗅覚」などという。きびしい現実を生きていくためには、このような要素も必要とされるのだ。

だが、これは本の知識だけでは絶対に得られない。現実と格闘し、経験を積むことによって、初めて身につくのである。

よく二代目のもろさということがいわれる。ゼロから叩きあげた初代とちがって、二代目は経営学の知識をしこたま頭につめ込んでいる。だが、いかんせん経験不足を免れないので、もう一つ頼りないのだ。

二代目がもろさを克服するためには、実践のなかで、経営上の嗅覚を養わなければならない。

要するに、本の知識は必要であるが、そのままでは実戦の役に立たない。それを自分の頭でかみくだき、実践のなかで検証することによって、初めて洞察力にまで高めることができるのである。

あらゆる〝戦い〟の勝敗を決める情報活動

的確な洞察力を発揮するためには、できるだけ確度の高い情報をにぎらなければならない。

情報の専門家によれば、必要な情報の九十五パーセントは公刊されている書籍や新聞、雑誌のたぐいから集めることができるという。だが、問題なのは残りの五パーセントである。それを手に入れようとして、すさまじい情報戦争が展開されることになる。

情報は世界を制すである。情報戦争に勝ったものは、戦いを有利に進めることができよう。これは、国でも企業でも同じことである。

『孫子』も、情報活動をきわめて重視し、それが戦いの勝敗を決めるポイントになると力説している。だが、彼は情報活動に、次の三つの条件をつけている。

一　情報員には、えりすぐりの優秀な人材をあてること

二　情報員に対する待遇は厚くすること

三　情報活動は絶対に秘密を守ること

つまり、重要であるがゆえに、いっそう慎重な対処が望まれるということであろう。よく情報活動が明るみに出て批判にさらされるケースがあるが、そんな失態を演じるようでは、もともと情報活動を手がける資格はないということになる。

以上は、国や企業の情報活動についての自戒であるが、個人の場合は情報の収集にあたってこれほどシビアになる必要はない。

すでに述べたように、公刊された資料だけでも、洞察力を発揮するための材料は十分にそろっているといってよい。そういう資料を集めて丹念に分析すれば、きわめて確度の高い判断を下すことができるのである。

公刊された資料とは、具体的にいえば、雑誌、新聞ということになる。なかには、つまらない情報も多いが、価値ある新しい情報も少なくない。それらの情報をつなぎ合わせていけば、正確な現状認識と将来展望が可能になるはずである。少なくとも三種類の雑誌、三種類の新聞ぐらいには目を通したい。

洞察力を高めようとするなら、その程度の投資を惜しんではならないのである。

さらに情報の収集でもう一つ付け加えておきたいのは、幅広い人間関係をつくれ、ということだ。人間からは、活字とはちがって、もっとも新しい生の情報を仕入れることができる。それのできる人間関係をできるだけ幅広くつくっておくことが望ましい。

そういう意味で、よく同じ社内の同僚としかつき合わない人がいるが、これはあまり賢明なやり方とはいえない。

社内の人間とつき合うのも結構だが、できれば積極的に外に打って出て、他の分野の人々と交流し、率直に意見を交換できる友人をつくりたい。

3　常に「利」と「害」から判断せよ！

計画段階で、いささかでも疑問点が残っているうちは、行動に移してはならない　（書経）

利益を得ようとするなら、損害のほうも計算に入れておかなければならない　（諸葛孔明）

禍と福とは同じ門から入ってくる。利と害とは表裏の関係にある　（淮南子）

「希望的観測」を排除せよ

人生にやらんかなという気概は必要である。これがなかったら、碌々《ろくろく》として一生を終わることになりかねない。

だが、やる気だけ旺盛でも、情勢判断に甘さがあったのでは、せっかくのやる気も空回りし、みすみす失敗を招くことになる。

孔子の弟子に子路《しろ》（姓は仲《ちゅう》、名は由《ゆう》）という人物がいた。やる気だけは誰にも負けなかったが、いささか向こう見ずなところがあって、しじゅう、孔子からお小言《こごと》を頂

戴していた。その子路が、ある時孔子に向かって、

「もし先生が大国の総司令官になられた時は、どんな人物を頼りにされますか」

と、切り出した。子路としては、「当然、おまえのような人物だよ」という答えを期待したのである。だが、孔子の返事はちがっていた。

「素手で虎に立ち向かったり、歩いて黄河を渡るたぐいの命知らずはごめんだね。むしろ、臆病なほど注意深く、成功率の高い周到綿密な計画を立てる人間のほうが頼りになるよ」

『論語』のなかでも有名なくだりなので、念のため原文を引いてみると、次のようになっている。

「暴虎《ボウコ》馮河《ヒヨウガ》、死シテ悔イナキ者ハ、吾、与《トモ》ニセズ。必ズヤ事ニ臨ンデ懼《オソ》レ、謀《ハカリゴト》ヲ好ンデ成ス者ナリ」

慎重に考慮し、的確な判断を下せる者のほうが頼りになるというのだ。これはたぶん、上役から部下を見た場合、すべての上役がいだく気持ちであるにちがいない。

ところで、われわれが情勢判断に失敗する原因は、大きく分けて二つある。

一 データ不足

二　希望的観測

判断のよりどころとすべき資料はできるだけ広く集めなければならないが、この問題についてはすでに述べたので、これ以上ふれない。ここでとりあげたいのは、希望的観測である。

以前、ある製薬会社が新薬のデータを捏《ねつ》造するという事件を引き起こしたことがあった。不利なデータは捨てて有利なデータだけを生かし、でたらめの論文をデッチあげたというものだ。

意図的にこんなことをやるのは論外だが、しかし、製薬会社のやり口を笑ってばかりもいられない。

実はわれわれも判断を形成する過程で、無意識のうちに、同じような過ちを犯している。つまり、不利な材料には目をつぶって、自分に都合のいいように解釈することが少なくない。

これが判断を誤る大きな理由であるが、楽天的な人ほどこの傾向が著しいように思われる。

希望的観測におちいらないためには、不利な材料に目をつぶってはならない。むしろ、自分から不利な材料をさがし出すような用心深い態度が望まれるのである。

バランス思考を身につけよ

『孫子』の兵法の基本原則の一つに、

「勝算なきは戦うなかれ」

がある。勝つ見込みのない戦《いくさ》はするな、というのだ。これは、戦争だけではなく、人生のすべてにあてはまる鉄則である。

勝算を立てるためには、広く情報を集めなければならない。だが、情報ばかりたくさん集めても、それをきちんと判断して的確な結論を引き出す力がなかったら、何にもならない。

そこでものをいうのが判断力である。

『孫子』はこう語っている。

「智者ノ慮ハ必ズ利害ニ雑《マジ》ウ」

智者の判断というのは、必ず利と害、つまりプラスとマイナスの両面から判断するというのだ。

さらに『孫子』は、

「利益を考える時には、損失の面も考慮に入れる。そうすれば、ものごとは順調に進展する。逆に、損失をこうむった時には、それによって受ける利益の面も考慮に入れる。そうすれば、無用な心配をしないですむ」

一種のバランス思考といってよいだろう。

こういう思考法は、われわれ日本人のはなはだ苦手とするところであるらしい。われわれは、利益と見ると、前後の見境いもなく、パッと飛びつく。だまされたと知った時の対応がまた興味深い。そんなものに飛びついた自分の責任はタナに上げて、相手をペテンだ、詐欺師だと糾弾する。

確かに、だました相手も悪いかもしれないが、だまされた自分にも責任の半分があることをわかっていないのだ。相手を責める前に、自分の判断の甘さを責めるべきではないか。

なぜ、こんなことになるのか。プラスの面だけを見て、マイナスの面を見ようとしないからである。利益に目を奪われて、損害を計算に入れておかないからである。これでは、ちゃんとした判断など下せるわけがない。

『孫子』はそれをいっているわけだが、このような認識は『孫子』だけではなく、中国人に共通する認識であるといってよい。

一般に中国人は、利益をちらつかされても、パッと飛びつくようなバカなまねはしない。

「三利アレバ、必ズ三患アリ」（『韓詩外伝』）

で、利益の裏に必ずマイナスの要因がかくされているはずだと考え、プラスとマイナスを慎重に計算してから態度を決定する。

諸葛孔明も同じようなことを語っている。

「問題を解決するためには一面的な態度で臨んではならない。つまり、利益を得ようとするなら、損害のほうも計算に入れておかなければならない。成功を夢みるなら、失敗した時のことも計算に入れておかなければならない」

孔明が誤りのない戦略方針を決定することができたのは、このような態度で判断を形成したからである。

また、戦国時代の思想家荀子《じゅんし》も、

「勝《シヨウ》ニ急ニシテ、敗《ハイ》ヲ忘ルルコトナカレ」

と、いましめている。勝とう勝とうと、そればかり考えないで、負ける場合のことも頭に入れておけ、というのだ。これもまた、バランス思考といってよい。

こういう思考法も、乱世を生き残る知恵なのである。

調査なくして発言権なし

『宋名臣言行録』という古典がある。宋代の主な政治家たちの言行をエピソード風につづった本であるが、そのなかの一人が、こんなことを語っている。わかりやすい文章なので、漢文で引いてみよう。

「事ニ臨ムニ三ツノ難キアリ、能ク見ル、一ナリ。見テ能ク行ナウ、二ナリ。マサニ行ナウベクンバ必ズ果決《カケツ》ス、三ナリ」

仕事や事業をするにあたっては、三つのポイントがある。その三つとは、

一　調査

二　決断

三　遂行

だという。

確かにこの三つのうち、どれか一つを欠いても、仕事を成功させることができない。ところで、この章で述べてきたことは、洞察力といい、バランス思考といい、いずれも「調査」の項目に含まれることである。だが、それだけでは十分でない。利害得失をじっくりと計算し（調査）、それを決断に結びつけ、さらに困難にくじけない意志力があって、初めて成功を勝ちとることができるのである。

どんなに調査研究に完璧を期しても、それを実行に結びつけなかったら、なんにもならない。

『史記』にも、

「マサニ断ズベクシテ断ゼザレバ、カエッテソノ乱ヲ受ク」

とある。決断すべき時にはきちんと決断しなければならない、というのだ。また、「遂行」にあたっては、ねばり強い意志力を必要とすることも、説明の必要はあるまい。

この三つは、まさに、仕事を成し遂げるうえで、欠くことのできない三本柱だといってよい。

三本柱のうち、決断と遂行については次章で詳しく述べよう。ここで強調しておきたいのは、やはり調査である。毛沢東も、調査の重要性に着目し、「調査なくして、発言権なし」と語っている。

「ある問題について調査を行なわなかった者からは、その問題についての発言権をとりあげることにしよう。それはひどい、というのか。いや、そんなことはない。ある問題について、現在の情況および歴史的な情況を調査せず、くわしいことは何もわからない、そんなことでは、発言は出まかせにならざるをえない。いくら出まかせを並べたところで、問題は解決しない。そんなことは当然である。発言権没収は、当然ではないか」

調査がなければ、発言が出まかせになるばかりでなく、肝心の判断もいいかげんにならざるをえない。確かな判断は、十分な調査があって初めて成り立つのである。

4　大きな視野が男の才覚を生む！

遠いところまで見通して対策を立てておかないと、近いところで足をすくわれることになる　（孔子）

政治にあたる者は、まず身近なところに思いをいたし、ついで遠い将来のことにまで対策を考えておかなければならない　（諸葛孔明）

夜郎自大におちいるな

判断を誤るもう一つの理由は、視野の狭さである。自分の世界に閉じこもり、自分の尺度だけでものを考えていると、どうしても視野の狭さにおちいらざるをえない。

それを笑ったのが、『史記』に紹介されている「夜郎自大《やろうじだい》」の話である。

むかし、中国の南の隅っこのほうに、夜郎という小さな国があった。ある時、漢の使者がたち寄ったところ、夜郎の王様が、

「わが国と貴国とでは、どちらが大きいか」

とたずねて、漢の使者をあ然とさせたという。漢と夜郎とは、月とスッポンほどのちがいである。初めから比較にはならない。そんなことも知らない夜郎の王様の視野の狭さを笑ったのが、「夜郎自大」ということばである。

これをまた「井のなかの蛙《かわず》」ともいう。

『荘子《そうじ》』という古典に、こんな話がある。

井のなかに住んでいる蛙が、ある時、東の海に住む亀に語った。

「私は楽しくて仕方がない。井げたを跳びはね、なかにもぐって破瓦の側で体をやすめる。かにやおたまじゃくしをおどしつけ、水を独り占めして、のうのうとふんぞり返るこの楽しさ。亀さん、あなたも一度遊びにきてみませんか」

東海の亀は、それほどいうならと、井戸に入りかけたが、左足が入りきらないうちに右足の膝がつかえる始末。後ずさりしながら、蛙に向かって語った。

「蛙さん、蛙さん、私の住んでいる東の海は、千里よりもまだ広く、千仞よりもまだ深い。海の水は、大洪水があったところでふえもしないし、大旱ばつがあったところで減りもしない。雨なんぞ降ろうがやもうが、いつでも悠々と楽しんでおられるのが、私の住んでいる海というところですぞ」

蛙は、亀の話を聞いて、くらくらと目を回し、気を失ってしまったという。

もちろんこれは寓話にすぎない。だが、われわれの周囲には、けっこう、大海の広さを知らない蛙のような人たちが少なくないように思われる。たとえば、自分の世界に閉じこもっている人、情勢の変化に目をつぶって惰性で動いている人など、その典型であろう。これでは正確な判断を下すこともできないし、世の中の動きについていくこともできない。

そうならないためには、すでに述べたように、ふだんから情報のチャンネルを拡大しておかなければならない。外の動きなどわれ関せずとばかりにのほほんと構えていることを、中国の成語で「鼓裏做夢《グーリゾウモン》」という。直訳すれば、ガンガン鳴っている太鼓のなかで夢を見ている、といった意味である。

こういう愚かさは、願い下げにしなければならない。

長期的展望を持って事に対処せよ

広い視野とは、空間的視野だけでなく、当然、時間的視野も含まれてくる。つまり、長期的展望である。

現在の情況を読みとるにしても、ただ、眼前の事態に目をこらすだけではダメだ。過去を思い、未来を展望しながら把握するなら、ずいぶんと結論が変わってくるにちがいない。

もちろん、動きの激しい時代ともなれば、十年先はおろか、二、三年先を読み通すことだってむずかしい。おまえやってみろ、といわれたって、おいそれとできはしない。だが、展望を持って読むのと、持たないで読むのとでは、明らかにちがう。展望とは、時代の大きな流れをつかむことである。それをつかんだうえで現実を読めば、洞察力の切れ味も、大いに変わってくるはずだ。

旧ソ連の事情に通じていた友人の一人が、こんな意味のことを語っていた。

「ソ連の物事の運び方には、〝ソ連時間〟というものがあり、われわれが期待するスピードとはちがう。彼らは時間を二十年、三十年という単位で考えていることに留意する必要がある」

時間の物差しがちがうという点では、中国もまったく同じである。

一般に中国人は、過去を思い、未来を展望し、悠久の流れのなかに身を置いて現在を考える。その点、われわれは、行きあたりばったり、なるようになるさで、長期的展望を持とうとしない。

社会が上げ潮の時は、それでもまだよい。行きあたりばったり主義も、それはそれで社会に活力を生んできた。

しかし、これからはどうだろうか。兎と亀の競争ではないが、かりにスピードは遅くとも、長期的展望を持っていたほうが最後に笑うのではあるまいか。

現代は見通しの立てにくい時代だといわれる。そんな時に、長期的展望など持てるか、とおっしゃる向きがいるかもしれない。しかし、そんな時代だからこそ、逆に長期的展望が必要なのである。

個人の場合も、まったく同じであろう。情勢に流されないためには、情況を先取りする長期的展望を持たなければならない。

『韓非子』も、こう語っている。

「小利ヲ顧《カエリミ》ルハ、大利ノ残《ザン》ナリ」

目の前の小さな利益ばかり追いかけていたのでは、大きな利益をとり逃がしてしまう、というのだ。

誤りのない判断を形成するためにも、長期的展望を持ちたい。

5章

決断と行動に見る男の値打ち

1　確実な決断が男の値打ちを高める

断固として実行すれば、鬼神も道を譲ってくれるものだ（李斯）

大きな仕事を成し遂げることができるかどうかは、胆力のいかんにかかっている（韓琦）

あやふやな根拠にもとづき、あやふやな心によって下される決断は、心ず見当はずれなものになる（荀子）

虎穴に入らずんば虎子を得ず

調査し、分析し、そして結論を出す。その結果、十分に採算がとれるということであれば、そこで初めて「ゴー・サイン」が出る。企業などで、プロジェクトがスタートする時には、こういう手順を踏むのが一般であろう。

個人の場合も、まったく同じである。何かしようという時には、できるだけ調査、分析し、見通しを立ててからとりかからなければならない。これを怠ったのでは、ろくな結果は期待できない。

だが、調査、分析に完璧はありえない。とくに、現代のように視界ゼロの時代には、事前調査に力を入れても、おのずから限度がある。ある程度メドが立ったら、決断して背水の陣で臨むのも、一つの生き方かもしれない。

「熟慮断行」ということばがある。熟慮ばかりして断行しなかったら、何もできない。といって、熟慮の伴わない断行では、失敗を免れない。ものごとを成し遂げるには、熟慮と断行の両面が必要なのである。

それを教えてくれるのが、「虎穴ニ入ラズンバ虎子ヲ得ズ」という有名なことばである。

後漢王朝の頃、班超《はんちょう》という男が朝廷の命を受けて西域の鄯善《ぜんぜん》国に使いした時のことである。初めは下にもおかぬ丁重な態度で迎えられたが、ある日、鄯善王の態度がころりと変わり、急によそよそしい扱いになった。

調べてみると、匈奴《きょうど》からの使者が到着したという。その頃、匈奴は北方に大勢力を張っていた。鄯善王は、匈奴の勢いに恐れをなして、態度を変えたらしい。

班超は、それだけ調べあげると、さっそく部下を集めてこう語った。

「知ってのとおり、匈奴からの使者がきてから、鄯善王の態度がころりと変わった。

もしここで鄯善王に捕えられて匈奴に送られるなら、われらの身は豺狼《さいろう》のえじきとなるにちがいない。いったいどうしたものか、諸君の考えを聞かせてほしい」

部下は口々に答えた。

「おっしゃるとおりです。どうか、なんなりとご指示をたまわりたい」

「虎穴に入らずんば虎子を得ずという。夜陰に乗じて匈奴の幕舎に火をかければ、相手はわが方の兵力を知らないのであわてふためくにちがいない。そこにつけ込めば、彼らを討ち滅ぼすことができる。彼らを討ち滅ぼしてしまえば、鄯善王はふるえあがって、われらのいいなりになるであろう」

班超はこう語り、その夜、部下三十六人を率いて匈奴の幕舎を急襲し、百三十人の使節団をすべて討ち取った。鄯善王は、ふるえあがって、漢への服属を誓ったという。

班超の断固たる決断がピンチを救ったのである。ここでぐずぐず決断をためらっていたら、おそらく鄯善王に殺されるか、身柄を拘束されて匈奴に送られるか、いずれにしてもろくな結果にはならなかったにちがいない。

ただし、班超は決断するにあたって、十分に匈奴使節団の動静を調べあげ、綿密な作戦を立ててかかった。決断が成功したかげに、確かな見通しがあったのである。

鳴かず飛ばずの三年間

決断するためには、じっくりと情況を見きわめなければならない。情況も見きわめないで、やみくもに動くことを盲動という。盲動でも、うまくいくことがある。だが、それはあくまでも運がよかっただけのことであって、いっも好運がついてまわるとはかぎらない。成功の確率を高めるためには、情況を見きわめてから行動に移さなければならない。

それを意図的にやって成功したのが、「春秋の五覇」にかぞえられている楚《そ》の荘王《そうおう》である。

「春秋の五覇」というのは、春秋時代に出現した五人の覇者（実力者）という意味であるが、そのなかでも荘王は、人物といい、力量といい、もっとも覇者らしい覇者であった。

ところがこの人は、即位してから三年間というもの、毎日毎晩、酒ばかりくらって、政治には見向きもしなかった。それればかりか、国中に布告を発して、

「諫める者は死刑に処す」という徹底ぶりであった。

一か月や二か月ならまだしも、三年近くも続いたとなれば、政治もおかしくなる。

伍挙《ごきょ》という重臣が、見かねて目通りを願い出、やんわりとたしなめた。

「なぞなぞを一つお聞かせいたしましょう」

「申してみよ」

「丘の上に鳥がおりました。三年のあいだ、飛びもせねば鳴きもしません。これはいったい、何の鳥でしょうか」

荘王は英傑であったから、すぐに伍挙のいわんとすることを理解した。

「三年飛ばずとも、ひとたび飛べば天の極みに至るであろう。三年鳴かずとも、ひとたび鳴けば世を驚かすであろう。おまえのいいたいことはわかっている。もうさがるがよい」

だが、そうはいったものの、荘王の遊びはやまない。今度は蘇従《そじゅう》という重臣がまかり出た。蘇従は、伍挙とちがってずけずけと直言した。

「諫める者は死刑だと布告したはず、承知しておろうな」

荘王に念を押されて、蘇従は答えた。

「わが君の迷いをさますことができれば、死刑になろうとも本望です」

これをキッカケにして、荘王の遊びはピタリとやんだ。そして、これまでの取り巻きを一掃し、伍挙、蘇従の二人を起用して国政の刷新に乗り出したという。

荘王は、だてに遊びほうけていたわけではないらしい。即位して三年、鳴かず飛ばずをよそおいながら、じっくりと臣下の動きを見きわめていたのだ。そしてチャンス到来と見るや、さっと立ち上がって国政を刷新した。その後彼はわずか数年で覇者の地位を手中にしている。

つまり荘王から学ぶべきは、
一　用意周到な準備
二　電光石火の決断
この二つの点であろう。どっちか一つが欠けても、成功は望めないのである。

諸葛孔明の「人生、意気に感ず」

情況を見きわめるためには、冷静さを失ってはならない。頭がカッカッしていたのでは、誤りのない決断を期待することができない。

「胆ハ大ナランコトヲ欲シ、心ハ小ナランコトヲ欲ス」

とは『近思録《きんしろく》』という古典に見えることばだが、大胆かつ細心にということ、この心がまえこそ、決断にあたってもっとも望まれるのである。

肝心なのは冷静に勝算を見きわめて決断することだ。これは、どんなに強調しても強調しすぎることはない。だが、問題は人間関係にまつわる決断である。

「冷静にとか細心にとか、そればかり強調すると、いささか男のロマンに欠けるきらいがある、もっと損得抜きの決断があってもいいのではないか」とおっしゃる向きがいるかもしれない。

これは、確かにそうであろう。時には夢のある決断もあっていい。それをいっているのが、『唐詩選』の巻頭をかざる次のことばである。

「人生、意気ニ感ズ
功名マタ誰カ論ゼン」

これをそのまま地でいったのが、『三国志』の諸葛孔明であった。

孔明が「三顧の礼」をもって劉備の軍師に迎えられたのは、まだ二十代の青年時代のことであった。一部の人々に名を知られていたものの、いわば知る人ぞ知るで、一般にはほとんど無名であったといってよい。

これに対し、迎えた側の劉備は、千軍万馬の古強者《つわもの》で、当時不遇であったとはいえ、天下にその人ありと、名を知られていた。

その劉備がわざわざ「三顧の礼」を払って無名の若造を軍師に迎えたのである。孔明が感激したのは、これだった。

たぶん、彼の胸にも、「人生、意気ニ感ズ」の思いが高鳴っていたにちがいない。

だが、ここで忘れてならないのは、劉備の申し出に、ダボハゼみたいに飛びついたわけではないということだ。劉備が三度も孔明のもとをたずねてやっと会うことができたのは、孔明が二度も居留守を使ったからである。では、なぜ二度も居留守を使ったのか。

劉備の人となりを観察し、その誠意をためしたのである。

つまり孔明は、ただたんに人生、意気に感じたわけではなく、相手をじっくりと観察し、これならと見きわめたうえで、意気に感じたのだった。

誰でも彼でもに対して意気に感じていたら、体がいくつあっても足りない。

「人生、意気ニ感ズ」もわるくはないが、そのためには、やはりここでも、慎重に相手を見きわめる熟慮が必要になるのである。

2 小が大を制するための行動学

こちらが一つに集中し、敵を十に分散させるとすれば、十の力で一の力を相手にすることになる　（孫子）

先手をとって主導権を握ることが何よりも重視されなければならない。主導権を握れば、以後の戦局を有利に導くことができる　（尉繚子）

どんなすぐれた計謀よりも、勢いに乗じるほうが、成功の確率は高い　（孟子）

「鶏口トナルモ牛後トナルナカレ」

若い人たちが「寄らば大樹の蔭」などとつぶやいているのを聞くと、はてこれでいいのかなあと、首の一つもかしげたくなる。

生活に疲れた年配者がこれをいうならまだわかる。可能性に富んでいる若い人たちが群れをなして大樹の蔭ばかりめざすのは、みずから可能性を狭めているようなものではないか。

安定志向もわからないではない。だが、せっかくもぐり込んだ大樹がいつまでも安定しているという保証は何もないのである。現在隆盛を誇っている大樹といえども、二十年、三十年後にはすっかり活力を失っているかもしれない。安易に寄りかかり、あとでしまったと思っても、とりかえしがつかないのである。

『戦国策』という古典に、

「ムシロ鶏口《ケイコウ》トナルモ牛後《ギユウゴ》トナルナカレ」

ということばがある。省略して「鶏口牛後」ともいう。牛の尻っぽになるよりも鶏の頭になれというもので、「寄らば大樹の蔭」とは反対の発想である。

「牛後」に甘んじるなら、気楽な生活がたのしめるかもしれない。その代わり、将来性に乏しい。これに対し、「鶏口」たらんとするのは危険が多いが、その代わり可能性に富んでいる。どちらがいいか、にわかに断定はできないが、「鶏口」に賭けるのも一つの生き方であろう。

戦後、経済界で名を成した松下幸之助氏にしても本田宗一郎氏にしても、皆「鶏口」の生き方に賭けた人々だった。「鶏口」の道を選んで成功した例は決して少なくはないが、しかし誰でも成功するとはかぎらない。いや、それどころか失敗する例のほうがはるかに多いであろう。

しかし、「鶏口」の生き方には大きな魅力がある。人生七十年、大樹の蔭で、一生鳴かず飛ばずで生きても面白味はない。それよりも人のやらないことをやって勝負をかけたほうが、「生きた」という充実感はあるかもしれない。

先制と集中を重視せよ

人生の出発点は、誰でも「小」であり「弱」である。企業経営にしても、初めからふんだんな資金に恵まれて出発するといったケースは稀であって、松下氏や本田氏のように、ほとんどゼロからの出発である。

それは企業経営だけではない。人生のスタートも裸一貫である。なかには親の七光などというケースもないではないが、そんなものは期待してもしょうがないし、また、かりにそれがあったところで、長い人生から見ればたかが知れている。

では、「弱」であり「小」である立場のものが「強」「大」に伍して生き残りをはかるにはどうすればよいか。

第一は、人のやらないことに先着することである。兵法用語を使えば、先制して主導権を奪取することだ。『孫子』も、

「善《ヨ》ク戦ウ者ハ、人ヲ致シテ人ニ致サレズ」

と語っている。人の後追いばかりしていたのでは、いつまでたってもうだつがあがらない。先着して、その利点を生かすこと、これが第一である。

第二は、兵力の集中である。兵力劣勢なものがまともに戦っても勝ち目が薄い。そこでなるべく相手の勢力を分断し、こちらは集中して戦えば、互角以上の戦いをすることができる。

これもまた『孫子』の兵法の力説するところだ。

中国の歴史で用兵の達人といえば、まっ先にあげられるのが項羽であるが、彼の戦い方の特徴は、先制と集中にあったといってよい。叔父の項梁とともに反乱の兵を挙げた時、

「先ンズレバ人ヲ制シ、後ルレバ人ニ制セラル」

と叫んでいるし、その後の戦い方を見ても、機動部隊を集中的に投入して、一気に相手をたたく作戦を得意とした。その結果彼は、わずか三年で覇王（実力第一者）の地位にまで駆けのぼっていった。

項羽が東の横綱だとすれば、西の横綱はナポレオンであるが、ナポレオンの得意と

した戦い方も先制と集中であったといわれる。それで彼はヨーロッパを席巻した。両横綱の戦い方は期せずして一致しているのである。

このような戦い方は、戦争の場合にだけ有効なわけではない。

たとえば経営戦略である。力の弱い中小企業が大企業と同じ土俵で相撲をとっていたのでは、勝ち目がない。活路を開くためには、アイデア商品の開発（先制）とか独自商品の開発（集中）につとめる必要があろう。

個人の生き方についても同じことがいえる。すなわち、

一　人のやらないことをやってみる

二　一つのことにエネルギーを集中する

こんな生き方が考えられていい。

大を制する近道は「手薄、手薄をつく」こと

日本中に工場を持ち、家電から重電まであらゆる電気製品を手がけている大企業の幹部と話し合ったことがある。その時彼に、

「おたくはこんなに大規模にやっていて、しかも世界的に名を知られている。こわい

ものなしでしょう」

とたずねたところ、こんな返事が返ってきた。

「いやあ、そうでもないですよ。手を広げますと、一つ一つが手薄になりましてね。パソコンならパソコンだけやっている専門企業にはどうしても押され気味ですよ。もっとも、われわれとしてもなんとか負けないように頑張っていますがね」

これを聞いた時、楽そうに見える大企業にも意外な泣き所があることを感じさせられた。逆にいえば、弱い立場の中小企業にも、生き残りの道は残されているということだ。それはほかでもない、大企業の泣き所、盲点をついていくことである。

それを『孫子』の兵法では、「実ヲ避ケテ虚ヲ撃ツ」という。「実」とは戦力の充実している部分、「虚」とは戦力の手薄な部分という意味である。敵の戦力が充実した部分に攻撃をかけても、容易に成功しない。手薄な部分を発見してそこを攻めれば、成功の確率が高いという考え方である。「弱小」なものが「強大」なものと戦う時には、とくに有効な戦い方であろう。

中国のことわざに、

「虎にも眠っている時がある」

ということばがある。人間がまっ正面から虎に立ち向かっても勝ち目はない。眠っている時を見はからって網をかければ、難なくとり押さえることができるという発想だ。

若い人から見ると、先輩たちの築いた社会は巨大な壁のように思われてくる。こちらは社会に出たばかりで、金も力もない。果たしてオレのようなものでも生きていけるのだろうか、という思いにとらわれることもある。

だが、よくよく目をこらしてみれば、岩のように見えた壁にも、弱い部分もあれば、手薄な部分もある。そこを発見して食らいついていけば、活路を開くことができよう。

人を説得する場合でも、同じことがいえる。かりに頑固な上役がいるとしよう。話が通じないからといって、サジを投げてはいけない。どんな相手にも、泣き所はあるものだ。それを見つけて食いつけば、案外、簡単に突破口が開けるかもしれない。

相手の手薄を見つけて食らいつく、小が大を制する近道はこれである。

3「守り」と「攻め」の全天候型をめざせ！

戦上手は、守りについた時は兵力を隠蔽して敵につけこむ隙を与えないし、攻めにまわった時はすかさず攻めたてて、敵に守りの余裕を与えない　（孫子）

要害の地を頼みとしている軍は戦意がなく、勝算もなくやみくもに戦う軍は必ず敗れる　（尉繚子）

進むのに力を使いすぎると、退くのもまた早い　（孟子）

したたかに生きるための攻めと守り

たとえばプロ野球の勝負において、攻めと守りのどちらを優先するか、そこに監督の個性が入ってくるのは確かだが、野球に勝つためには、攻めと守りの両方に強くなければならない。これが理想である。

だが、攻守にバランスのとれたチームをつくりあげるのはむずかしい。プロ野球の歴史のなかでも、そんないい状態に仕上がったチームはかぞえるほどしかないのではないか。

人間でも同じことがいえる。攻めと守りを兼ね備えた人間は、それほど多くはない。たとえば項羽と劉邦である。

先にも述べたように、項羽は稀に見る用兵の天才だった。まったくのゼロから出発しながら、わずか三年ぐらいで実力第一人者にのしあがった。

その理由は何かといえば、攻めに強かったことである。攻めて攻めて攻めまくり、力で相手を粉砕しながら勝ちあがっていった。徹底して攻めの人であったといってよい。

反面、項羽は守りには弱かった。ひとたび守りにまわると、意外なもろさをさらけ出し、ずるずると戦力を消耗していった。そして、ついに劉邦の逆転勝利を許してしまったのである。

これに対し劉邦は、攻めは不得手だった。だから、項羽と対決した前半戦はいつも負け戦ばかり、相手の精強な軍団に押しまくられて、逃げ回ってばかりいた。

ところがこの人は守りにまわった時に無類のねばり腰を発揮する。項羽の乱打をあびながら、必死にガードを固めて決定打を許さない。そして、項羽が打ち疲れたところをとらえて、逆転勝利に成功したのだった。

歴史に「もしも」はないというが、項羽がかりに守りにも強い人だったら、劉邦に逆転勝利を許すことはなかったかもしれない。また、劉邦が攻めにも強い人だったら、もっと早く天下を手中に収めていたかもしれない。

現代のような時代をしたたかに生きるためには、項羽の攻めと劉邦の守りを身につけたい。つまり、攻めにも強く守りにも強い全天候型の人間をめざす必要がある。そのためには、自分は項羽型か劉邦型かを見きわめて、欠けている面を補うことを考えたい。

いまはやめているが、私はひところザル碁にこったことがある。

私の碁は本質的に守りの碁だった。これはやっていて面白くない。そこでなんとかこれを改造しようと、十数冊の本を読んで「攻めの手筋」ばかり研究した。その結果、急速に腕をあげて碁敵を驚かしたことがある。

人間の改造は、碁風の改造よりも、はるかにむずかしい。しかし、やってできないことはないのだ。

自分を直視し、自分に欠けている点を補いながら、攻守ともに強い全天候型の人間をめざしたい。

攻めと守りの切りかえを見きわめる

『孫子』の兵法に、

「始メハ処女ノ如ク、後《ノチ》ニハ脱兎ノ如シ」

という有名なことばがあるが、これは攻めと守りの切りかえをいっているのだ。

情況が不利な時には守りにつかなければならないが、守りについた時にはじっと鳴りをひそめてガードを固める。それが「処女ノ如シ」である。だが、情勢が好転して守りから攻めに転じる時は、全力をあげて飛び出していく。これが「脱兎ノ如シ」である。

むかしから戦の強い者は皆、このような攻めと守りの切りかえがたくみだった。ところで、人生には、ついている時とついていない時と、調子に波がある。ついている時は、何をやってもうまく行くような気がするし、また、現にうまく行くことが多い。どんな人の人生にも、そんな時が何回かはおとずれてくるものらしい。

そういう時こそ攻めに出るチャンスである。押せ押せムードに乗って積極的に出たほうがよい。

せっかくチャンスがおとずれてもそれに気がつかない、さらには、気がついても攻めに出る決断がつかないというのでは、いつまでたっても勝利は望めないのである。調子の波が上向いてきたと判断したら、その時こそ積極的に打って出てチャンスを生かしたい。

ただし、やることなすことついている時には、危険な落とし穴がある。調子よく事がはこんでいる時には、気持ちがゆるんで、緊張感が失われる。それでついものごとの処理がいいかげんになり、凡ミスが出て自滅してしまうというケースが少なくない。

私の友人に警備保障会社の経営者がいる。独立して自分の会社を設立したのは、たまたま大学紛争が起こって世の中が騒然としていた頃で、この業界はウケに入っていた。その波に乗って、友人の会社も急成長を遂げた。

友人は調子の波をうまくつかんだのである。

ここまではよかったが、その後がいけない。やがて世の中が静かになって、この業界にも不況の波がやってきたとたん、友人の会社はたちまちパンクしてしまった。好調に気がゆるんで放漫経営におちいり、不況時への対応を怠っていたのだ。

この友人はもともと有能な男なので、その後、立派に再起したが、彼の失敗はもとはといえば、気持ちのゆるみにあった。

一瞬の油断が命取りになるのである。油断は、好調な時に生じやすい。押せ押せムードで攻めにまわっている時こそ、いっそう慎重な運転が望まれるのである。

好調の波は、そんなに長くは続かないと考えたほうがよい。調子の波が下降線に転じてもまごつかないように、その時に備えて、ふだんから万全の準備をととのえておくことも忘れてはならない。

「匹夫の勇」を避けろ!

攻めにも強く守りにも強いというのが理想であるが、どちらか一つをとれといわれたら、やはり守りの強化に重点を置いたほうがよいかもしれない。

野球を例にとろう。

攻めはまあまあだが守りが弱いということであれば、勝つ時は派手に勝つが、負ける時はメロメロ、見ている者には面白いかもしれないが、監督としては計算が立たない。その点、守りがしっかりしていれば、計算が立ちやすい。監督としても、安心して試合に臨むことができよう。

野球だけではなく、この世の中を生きていくうえでも同じことがいえる。攻めに強いだけだったら、押せ押せムードの時はよいが、一度逆境におちいったら、持ちこたえることができない。持ちこたえるためには、守りに強くなければならない。

第一、人間の一生のなかで好調の波がおとずれるのは、それほど多くはない。攻めがきく時はごくわずかで、守りにまわらなければならない時のほうが圧倒的に多いのである。だから、生き残るためには守りに強くなければならない。

では、守りに強くなるためには、何が必要とされるのか。平凡のようだが、やはりこらえ性である。辛抱といってもよい。カウンターパンチを一発食ったぐらいで音をあげるようでは、守りに強いとはいえないのである。

大きな仕事を成し遂げた人は、みな辛抱の人だったといってよい。

たとえば、すでに述べた劉邦などは、その典型であろう。日本の例をあげれば徳川家康である。この人もまた、辛抱、辛抱で逆境を乗り切り、ついに天下を手中にした。

守りにまわった時、もっともまずいのは、勝算もないのに、一か八か打って出ることである。これは、たんなるやけくそ、悪あがきにすぎない。

打って出るのは、これなら勝てると見きわめた時だ。それまではガードを固くして守りに徹しなければならない。勝算もなしに打って出るのを「匹夫《ひっぷ》の勇」という。

「匹夫の勇」は願い下げにしたい。

ただし、守りを固めるといっても、専守防衛ではない。反転攻勢への準備をととのえながらの守りである。

守りについた時は、その人にとっては不遇の時代である。そういう時こそ、実力をたくわえる絶好の機会となる。じっくりと実力をたくわえて、将来の反転攻勢に備えたい。

4『孫子』の「迂直の計」を実践せよ！

わざと遠回りして敵を安心させ、敵よりも早く目的地に達し、不利を有利に変える　（孫子）

勝つことの名人は、力づくの対決に走らない。人使いの名人は相手の下手《したで》に出る　（老子）

縮めようとするなら、まず伸ばしてやる。弱めようとするなら、まず強くしてやる。追い出そうとするならまず、味方に引き入れる。取ろうとするなら、まず与えてやる　（老子）

遠回りを恐れるなかれ

A地点からB地点に向かうとする。目的を遂げるためには、できるだけ早くB地点に達したい。そのさい、最短距離の道が渋滞しているとすれば、多くの人は遠回りの道を選ぶにちがいない。結局そのほうが早く目的地に達することを知っているからだ。

仕事でもまったく同じことがいえる。何か大きな壁にぶつかったとする。ちょっとやそっとのことでは破れそうもない。そんな時、あくまでも前へ進もうとするなら、次の二つの方法が考えられる。

一　あくまでも中央突破をはかる
二　他のルートをさがす
見込みがあれば、中央突破もよい。だが、立ちふさがる壁が巨大であればあるほど、突破も困難である。一つ見通しを誤れば、まったくの徒労だったということにもなりかねない。

そんな時には、思い切って別のルートをさがしたほうがよい。かりにそのルートが遠回りでも、急がば回れで、かえって早く目的を達することができるかもしれない。

こういう考え方を、『孫子』の兵法では、「迂直《うちょく》の計」という。遠回りしたほうがかえって早く目的地に達するという考え方だ。

『孫子』のいう「迂直の計」には、距離的な迂回だけではなく、時間的な迂回も含まれている。短兵急に攻めたてるよりも、じっくりと時間をかけて攻めたほうが、味方の損害も少なく、効率のよい勝ち方ができるという発想だ。

このやり方は、人を説得する時にも効果を発揮する。

説得の極意は相手をその気にさせることだという。こちらの意見を押しつけるのではなく、相手が自分の意志で受け入れてくれるように持っていくのである。

お願いします、お願いしますで、ストレートに攻めたてたところで、効果はあがらない。かえって相手を意固地にさせたり、無用な反発を招くのがオチであろう。やんわりと時間をかけながら相手の心をときほぐし、いつの間にか相手をその気にさせてしまう。これが説得のコツだといわれる。

これもまた『孫子』のいう『迂直の計』なのである。

人生には、いくつもの壁が待ち受けている。中央突破がダメだからといって、あきらめてはいけない。その気になってさがせば、必ず第二、第三のルートが見つかるものである。かりにそれが遠回りなように見えても、いざ歩いてみると、かえって近道だったりすることが多い。

乱世で大をなす者は「逃げ足」が速い

行く手には壁がたちふさがっている。ちょっとやそっとのことでは越えられそうもない。といって、回り道も見つからない。

こんな時、われわれは当たって砕けろとばかり、玉砕覚悟でぶつかっていく。だが、中国人にいわせれば、そんな戦い方は愚かであるという。

何度もいうようだが、『孫子』の兵法の基本原則の一つは「勝算なきは戦うなかれ」である。勝算もなしに当たって砕けるのは愚策以外のなにものでもない。「三十六計、逃げるに如《し》かず」ともいうではないか。

砕けて散ってしまったのでは、元も子もない。ひとまず撤退しておけば、戦力を温存して、また、次のチャンスに賭けることができる。チャンスはいくらでもまためぐってくるという発想だ。これ以上押しても引いてもダメだと判断した時は、ためらわずに撤退することを考えたい。

むかしから、乱世で大をなした者はみな逃げ足が速かった。

たとえば『三国志』の曹操である。この人は「乱世の奸雄《かんゆう》」などと称されて人気はいま一つ芳しくないが、戦いの強さは無類のものがあり、むらがる群雄をなぎ倒して乱世のなかを勝ちあがっていった。その点、中国三千年の歴史のなかでも、稀に見る英傑といってよい。

彼の強さの秘訣は何かといえば、見切り時が早く、撤退の決断が素早かったことである。これ以上押しても戦果は望めない、いたずらに損害をふやすだけだと判断した時は、ためらわず撤退しているのだ。

むろん逃げてばかりいたのでは戦いに勝てない。勝算我にありと判断した時は、かさにかかって攻めたて、徹底的にたたく。だが、勝算なしと見きわめた時は、さっと撤退して次のチャンスを待つ。この使い分けが肝心なのである。

曹操はこの二つの面を巧みに使い分けながら乱世のなかを勝ちあがっていった。

逃げ足の速かったのは曹操だけではない。清水の次郎長という侠客は、若い時から、斬った張ったのケンカ出入りが絶えなかったが、修羅場のなかを生き残って東海道一の親分といわれるまでになった。その秘密もやはり逃げ足の速い点にあったといわれる。

彼は、相手とドスを合わせた時、その合わせぐあいですぐさま相手の力を見抜き、自分より上手《うわて》だと知るや、さっとドスを引いて逃げ去ったという。

手強い相手にしゃにむに突っかかっていったのでは、命がいくつあっても足りないだろう。もし次郎長がそんな戦い方をしていたら、とっくに命を落としていたかもしれない。生き残って大親分になれたのは、逃げ足が速かったからだ。

逃げるというのは、消極的な戦い方ではなく、むしろ積極的かつしたたかな戦い方なのである。

余裕を持って控え目に対処せよ！

時には遠回りし、時には逃げて戦力を温存する。このような戦い方がよしとされるのは、猪突猛進するよりも効率的な勝ち方につながるからである。

これをもう少し一般的に解釈すれば、損して得とれ、という考え方にも通じてくる。たとえば、利益だと見ると、あたりの迷惑も考えないで、トコトン追求する。あるいは仕事をするにしても、一人でかかえ込んで、自分だけの手柄にしようとする。こんなことをやっていたのでは人間関係がうまくいくはずがない。まわりの人間のねたみ、そねみを買い、果ては、足を引っぱられたりして、いずれにしてもロクなことにはならない。

そうならないためには、やはり時には「回れ右」をして、人にも利益を分けてやり、後にさがって道を譲ってやることが必要だ。

『菜根譚《さいこんたん》』も、次のように警告している。

「何ごとにつけ、余裕を持って控え目に対処せよ。そうすれば、人はおろか天地の神々も、危害を加えたり、わざわいを下したりしない。

事業でも功名でも、トコトン追求してやまなければ、どうなるか。内から足を引っばられるか、外から切り崩されるかして、いずれにしても失敗を免れない」

また、こうも語っている。

「この世の中を生きていくには、人に一歩譲る心がけを忘れてはならない。一歩退くことは一歩進むための前提となるのだ。

対人関係においては、なるべく寛大を旨としたほうがよい結果につながる。人のためをはかってやることが結局は自分の利益となってはね返ってくるのだ」

貿易摩擦や経済摩擦なども、もとはといえば、人の迷惑も考えないで自分の利益だけを追求することから起こっている。これでは、袋だたきにあっても、やむをえない。

人間関係でも同じことだ。自分の利益だけ追求していたのでは、長続きしない。必ずまわりの反発を買い、いつかどこかで、しっぺ返しを食らうことを覚悟しなければならない。長い目で見れば、決して得なやり方ではないのである。

だから『老子』も、

「足ルヲ知レバ辱《ハズカシ》メラレズ、止マルヲ知レバ殆《アヤ》ウカラズ」

と語っているのである。

したたかに生きようとするなら、こういう生き方もあることを肝に銘じておこう。

6章

最後には勝つ「覇者」の駆け引きを学べ

1　このしたたかな駆け引きを身につけろ！

指揮官は、したたかな駆け引きを胸に秘めながら、冷静な態度で適切な指示を下さなければならない（孫子）

行動するにしても動いた跡を残さない。計算するにしてもソロバンを必要としない。発言するにしても乗ずる隙を与えない（老子）

事理に明るい者は、必ず臨機応変の対応を得意にしている（荘子）

陳平に学ぶ「読み」の力

「智」とは、洞察力であり、深い読みのできる能力だといったが、それと同時に、「智」には駆け引きに強いといった意味も含まれている。

ということは、とりもなおさず深い読みと駆け引きとは表裏一体の関係にあると見ることができよう。つまり、駆け引きに強い男は読みが深く、読みの浅い男は駆け引きにも弱いということになる。

劉邦の作戦参謀に陳平《ちんぺい》という知謀に長《た》けた男がいた。六たび奇計を考え出して六たび劉邦のピンチを救ったといわれているが、彼の奇計が成功したのは、ほかでもない、深い読みの裏づけがあったからだ。

劉邦が項羽の軍団に大敗を喫し、絶体絶命のピンチにおちいった時のことである。

参謀の陳平がこんな策を進言した。

「いまや、わが方の不利はおおうべくもありませんが、しかし、項羽の側にもつけ入る隙がございます。項羽に従っている剛直の臣は、わずかに范増《はんぞう》以下数人にすぎません。そこでこのさい、黄金数万斤の出費を覚悟のうえ、間者を放って相手の君臣関係をばらばらにし、互いに疑心を生じさせるのです。感情的で、中傷に乗りやすい項羽の人柄からして、必ず内紛が起こります。それに乗じて攻めれば、項羽を破ることができましょう」

「よし、わかった」

劉邦はさっそく黄金四万斤をかき集めて陳平に渡した。陳平はその金をふんだんにばらまいて、間者を項羽側の陣屋に放ち、こんな噂を広めさせた。

「配下の将軍たちは皆項羽のやり方に不満をいだき、項羽を見限って劉邦に鞍替えしようとしている」

これを真《ま》に受けた項羽は、将軍たちの行動に疑惑をつのらせた。これで、鉄の団結を誇った項羽軍団にヒビ割れが生じる。その隙に劉邦は包囲を破って脱出し、戦線の立て直しに成功したのだった。

陳平の奇計が図に当たったわけだが、その理由は項羽の弱点を的確に読み切っていたところにあったといってよい。

われわれ日本人は、駆け引きに強い男を、「計算高い」とか「風見鶏」などといって嫌う。だが、これはあまりにも潔癖すぎはしないだろうか。

確かに正直は美徳である。片隅のささやかな幸せで満足するなら、それだけでよいかもしれない。しかし、乱世で大をなそうとするなら、したたかな駆け引きを身につける必要がある。

第一、計算高くなかったら、ろくな人生設計もできないではないか。駆け引きにうとかったら、人からそれを仕掛けられた場合、防ぎようがないではないか。

乱世を生き残るためには、陳平のように、読みの力を磨き、したたかな駆け引きを身につけなければならない。

『兵法三十六計』による駆け引きの手口

手品のタネを明かされると、誰でも、「なんだ、そんなことか」と思う。駆け引きというのも、タネを明かせば、それと同じようなものである。ものものしい舞台装置をとりはずしてみると、中身は意外にも単純なものであることが多い。

中国に『兵法三十六計』という奇書がある。これには、古典的な駆け引きの手口が三十六も記録されているが、そのなかから、いくつかを紹介してみよう。

まず、「借刀殺人《しやくとうさつじん》」という手口である。しいて漢文読みすれば、「刀ヲ借リテ人ヲ殺ス」となるが、自分は手を下さないで、人の力を利用して目的を達することをいう。日本のことわざに、「人のふんどしで相撲をとる」とあるが、これと同じである。

むかし、鄭《てい》の国の桓公という王様が鄶《かい》という国を攻略して自分のものにしようとした。鄶は小さな国だったので、攻めとるのはそれほどむずかしいことではなかった。だが、それでは相手も必死に抵抗するだろうから、こちらも相当な損害を覚悟しなければならない。

そこで桓公は、何とか相手を骨抜きにし、無抵抗の状態にしておいてそっくり頂戴しようと思い、こんな手を考え出した。

まず、鄶のめぼしい重臣たちが内通してきた旨のニセ秘密文書を作成した。そしてそれを、わざと目につくように鄶の城門の外に落としておいたのである。

それを見た鄶の王様は、てっきり内通者が出たと信じ込み、ニセ文書にのっていた重臣たちを皆殺しにしたという。桓公はそれを見とどけるや、さっそく鄶に攻め込み滅ぼしてしまった。

これなどは、完璧な「借刀殺人」の計であるといってよい。

次は「声東撃西《せいとうげきせい》」（東ニ声シテ西ヲ撃ツ）である。

ほんとうのねらいは西にある。だが、そんなことはおくびにも出さず、東を撃つように見せかける。当然、相手の注意は東に向けられるから、その隙に西を撃つという作戦だ。

結果として、相手は虚をつかれることになり、受ける心理的打撃はいっそう大きくなろう。

また、「偸梁換柱《とうりようかんちゆう》」という手口もある。「梁ヲ偸《ヌス》ミ柱ヲ換《カ》ウ」である。

梁も柱も、家の構造を支える屋台骨だ。それを取り換えてしまえば、形は同じでも、中身はすっかり変わってしまう。つまり、これで相手の戦力を骨抜きにし、こちらのいいなりに操縦しようという手法にほかならない。

さらに、「仮痴不癲《かちふてん》」（痴ヲ仮《イツワ》ルモ癲セズ）という手口もある。

バカになったふりをする、あるいは手も足も出ないふりをして相手の油断をさそう。

そして、相手の油断したところを見すまして、バッサリ斬り捨てる手法である。

たとえば中国の拳法に、酔っぱらいのふりをする「酔拳《すいけん》」という独特の拳法があるが、これなども「仮痴不癲」の応用にほかならない。

あげればきりがないので、これくらいでやめておくが、要するに、これらの手口の特徴は何かといえば、

一 相手の盲点を利用し
二 相手の油断をさそい
三 最大の効果を収める

ことだといってよいかもしれない。

駆け引きは伝家の宝刀である

駆け引きは、うまくいけば、めざましい成果を収めることができる。逆に、してや

られたほうからいえば、いまいましさが先に立つ。それだけに、きたないとか、えげつないといったイメージに結びつき、陰険だとの非難を受ける羽目になる。

それを避けるためには、
一　こちらからはなるべく使わない
二　使い方に工夫をこらす
この程度の配慮は必要なのかもしれない。

作家の海音寺潮五郎が『覇者の条件』という本のなかで、戦国武将の毛利元就についてこう語っている。

「元就はまた大へん腹黒い人でした。ごくごく小身の豪族から、最後には山陰・山陽から北九州にかけて十余カ国の大領主に成り上がったのですが、ある程度の力がつくまでの彼の行為は、ずいぶん陰険で、決して修身のお手本にはなりません。そのくせ、世間の人にはいかにも篤実な印象をあたえました。実際に律義篤実なところもあったのでしょう。見せかけだけで、そう長く人を欺くことはできませんから。ともあれ、『律義な大将』というのが、当時の彼の評判だったのです。

陰険と律義とが反対概念であることは申すまでもありませんが、古来、大事業をなしとげた英雄豪傑の大方は、左右の方向に走りたがるこの両馬を巧みに馭《ぎょ》した人です。要するに、陰険なくらい権謀的でなければ世智がらい世の中では勝負に勝てず、律義で世の信頼を得なければ勝利を確保することができないのです」

毛利元就のこのやり方は、きわめて巧妙な方法だといってよい。

乱世を生き残るためにはしたたかな駆け引きを身につける必要がある。だが、それを多用したのでは、人から警戒され、無用な反発を招くのがオチだ。

『老子《ろうし》』という古典に、

「知リテ知ラズトスルハ、尚《シヨウ》ナリ」

ということばがあるが、駆け引きについても、知っていながら、それを多用しないほうが無難なのである。

駆け引きは、諸刃《もろは》の剣であり、へたな使い方をすると、ブーメランのように自分にはね返ってくる。毛利元就のように、巧妙な使い方ができればよいが、そうでなかったら、あくまでも伝家の宝刀として、内に秘めておいたほうがよいのかもしれない。

あまりにもしたたかな「木鶏の戦い」

したたかな駆け引きを身につけていながら、あくまでも内に秘めて外に表さない。こういうあり方を体現しているのが、木鶏である。

むかし、中国では闘鶏の競技が盛んであったらしい。さる所に、紀渻子《きせいし》という闘鶏を調教する名人がいた。ある時のこと、この名人が王様から一羽の鶏の訓練をおおせつかった。王様の持ちものであるから、もともと、すばらしい素質に恵まれた鶏であったにちがいないが、意外にも訓練は難航する。

十日たって、王が様子をたずねた。

「どうだ、もうそろそろ使えるのではないかな」

すると紀渻子は答えた。

「いや、まだでございます。いまはやみくもに殺気だって、しきりに敵を求めております」

それから十日たって王がたずねると、

「いや、まだでございます。他の鶏の鳴き声を聞いたり、気配を感じたりすると、たちまち闘志をみなぎらせます」

また、十日たって王がたずねると、

「いや、まだでございます。他の鶏の姿を見ると、にらみつけたり、いきりたったりします」

さらに十日たって王がたずねたところ、初めてOKが出た。

「もうよろしゅうございましょう。そばで他の鳥がいくら鳴いて挑んでも、いっこうに動ずる気配もなく、まるで木彫りの鶏のように見えます。これこそ徳が充実している証拠です。こうなればしめたもの、どんな鶏でもかないっこありません。姿を見ただけで逃げ出してしまいましょう」

念のため、この名人のことばを漢文で示してみよう。

「幾《チカ》シ。鶏、鳴クモノアリトイエドモ、スデニ変ズルコトナシ。コレヲ望ムニ木鶏ニ似タリ。ソノ徳全《マッタ》シ。異鶏アエテ応ズルモノナク、反リ走ラン」

ここで、肝心なのは、「ソノ徳全シ」のくだりである。この場合、「徳」には人格的な条件だけでなく、能力的な条件、つまり駆け引きとか権謀術数なども含まれていると思われる。

中身まで木彫りの鶏であったのでは、たんなるデクノボーにすぎない。すばらしい能力、したたかな駆け引きを内に秘めながら、それを少しも外に出さない。これが木鶏にほかならないのだ。

名横綱の双葉山は、道場に「木鶏」と書いた額を掲げて修業に励んだという。われわれも、できればこのレベルをめざしたいものである。

2 やられる前に行動を起こせ！

短期決戦に出て成功した例は聞いても、長期戦に持ち込んで成功した例は知らない（孫子）

先制攻撃に訴えて相手のやる気をなくさせてしまうのが、最高の計謀である（左伝）

戦上手は、相手の作戦行動に乗らず、逆に相手をこちらの作戦行動に乗せようとする（孫子）

「乱世の奸雄」に学ぶ駆け引き

『三国志』きっての英傑といえば、魏《ぎ》の曹操であるが、彼の武器は駆け引きに長《た》けていた点にあった。えげつない駆け引きを駆使して乱世のなかを勝ちあがり、その結果、「乱世の奸雄」などと称されているが、それだけにまた、彼の手法には学ぶべき点が少なくない。

曹操は、小さい時から駆け引きに長け、悪童の評判をとっていたらしい。こんな話がある。

少年時代のこと、彼に一人の叔父がいたが、この叔父が曹操の悪童ぶりを見かね、何かにつけて彼のことを父親に告げ口する。曹操はこれがうっとうしくてならない。ある日、曹操は道でこの叔父と出くわした時、いきなり顔をひきつらせ口もとをゆがめた。

「なんだ、いったい、どうしたんだ」

「ちゅ、中風にやられました！」

驚いた叔父がさっそく父親に告げる。父親はびっくりして曹操を呼んだ。見れば、曹操の顔に変わったところはない。

「叔父が、おまえが中風にかかったといっておったが、もう治ったのか」

「中風？　とんでもありません。叔父さんは私を嫌っていますから、そんな出まかせを口にしたんでしょう」

それからというもの、父親は叔父が何といってこようとも、受けつけなくなった。曹操はそれをよいことに、ますますやりたい放題の悪童ぶりを発揮したという。

曹操のこのような駆け引きは、成長するとともに、いよいよ磨きがかかっていったらしい。

では、彼の行使した駆け引きの基本は何かといえば、「やられる前にやる」の精神だった。それについては、こんな話がある。

都の洛陽が董卓《とうたく》という乱暴者に制圧された時、曹操は、董卓に見切りをつけて都から逃げ出すことにした。数人の従者をつれて故郷に向かう途中、知人の呂伯奢《りょはくしゃ》という人物の家に立ち寄る。

ところがその晩、呂家の客間でくつろいでいると、隣室のあたりから妙な物音がする。

「武器だ。さてはおれを殺す気だな」

そう思った曹操は、さっと立ち上がり、先手をとって家の者を皆殺しにした。

ところが、これは曹操の誤解だった。武器の音ではなく、食器を動かす音だったのである。追われる身で気持ちがいらだっていた彼は、それを勘違いしたらしい。

だが、そのあとがいかにも曹操らしかった。勘違いに気づいた彼は、悲痛な表情を浮かべて「やられる前にやる。これがわしの流儀だ」

と、つぶやいたという。

曹操は、このような駆け引きを駆使して乱世のなかを勝ちあがっていった。そういう意味では、稀に見るやり手の人物だったといってよい。

ライバルを始末する方法

有力なライバルが出現したとする。放っておけば、せっかく築いた自分の地位が脅《おびや》かされるかもしれない。そんな瀬戸際に立たされた時、どう対処するか。

あくまでもフェアプレーの精神で、公明な競争を挑む。これなら普通であるが、しかしなかには、巧妙な駆け引きを使ってライバルの蹴落としをはかる者も現れてくる。

戦国時代のこと、楚《そ》の国の懐《かい》王のもとに女が一人献上されてきた。これが絶世の美女であったらしい。懐王はたちまちその女に夢中になった。

懐王には、鄭袖《ていしゅう》という愛妾がいた。このままでは、王の寵愛は新しい女のほうに移ってしまう。一計を案じた鄭袖は、その女をたいそう可愛がり、なにくれとなく世話をやいてやった。その可愛がりようは、王も顔負けするほどであったという。

それを見て、懐王は思った。

「女は、色をもって夫に仕えるもの。嫉妬して当たり前なのに、鄭袖は、わしが新しい女に夢中になっても、妬《ねた》まない。かえってわし以上に可愛がっている。孝行息子が親に仕え、忠臣が君主に仕えるかのようだ」

作戦の第一段階が完了である。嫉妬していないと王に信じ込ませたところで、鄭袖は女に向かって語った。

「王はあなたに夢中です。でも、あなたのその鼻だけはお気に召さない。王の前ではきっと鼻を押さえるのですよ」

女は、王の前では鼻を押さえるようにした。

これで第二段階が完了である。いよいよツメである。

懐王は鄭袖にたずねた。

「あの女は、わしを見ると鼻を押さえる。どうしたわけだ」

「ええ、でも……」

「遠慮はいらぬ。話してみなさい」

「どうも、王の体臭が嫌いなようです」

「無礼な女だ」

懐王は、ウムをいわさず、女を鼻切りの刑に処したという。

鄭袖は、まんまとライバルを葬り去ることに成功したのである。

鄭袖の使った手口は、決して過去のものではあるまい。現代でも、そちこちで使われていると見るべきであろう。そんなことはありえないと思っているようでは、あまりにも人がよすぎるのかもしれない。

この美女のように、相手の駆け引きにはめられてからしまったと思っても、すでに遅いのである。この世の中には鄭袖のような人間はいくらでもいると覚悟してかかるべきだ。

口に蜜あり、腹に剣あり

唐の玄宗皇帝に仕えた宰相に、李林甫《りりんぽ》という人物がいる。彼は、表面ではにこやかに応対しながら、陰《かげ》では権謀術数を使って次々とライバルをおとしいれ、権力の座にあること十九年の長きに及んだ。

彼の駆け引きの巧妙さに舌を巻いた人々は、彼のことを、

「口ニ蜜アリ、腹ニ剣アリ」

と称したという。甘いことばの裏に、鋭い剣がかくされている。つい気を許すと、バッサリ斬り捨てられてしまう、というわけだ。

たとえば、こんな話がある。

当時、有力なライバルの一人に厳挺之《げんていし》という人物がいたが、やはり李林甫にはめられて地方に左遷されていた。ところがある時、玄宗が思い出したように宰相の李林甫に語りかけた。

「そうそう、厳挺之という男がいたなあ。あれは有能な奴だったが、いまどこにいるか」

ライバルが返り咲けば、林甫としても安閑としてはいられない。もっとも望ましいのは、先手をとって相手の復活を阻止することである。だが、下手《へた》な手を使えば、かえって自分の墓穴を掘ることにもなりかねない。

一計を案じた李林甫は、朝廷から退出するや、さっそく厳挺之の弟を呼んでこう語った。

「帝はそなたの兄上にことのほか目をかけておられる。このさい、帝にお目にかかっておいたほうがよいと思うが、地方にいてはそれもままなるまい。どうだろう、中風にかかっていることにして、都に帰って養生したいと願い出てみては。そなたから、兄上にいってやるがよい」

厳挺之は弟から連絡を受けると、さっそく上奏文をしたためて願い出た。玄宗が、

「この件、どうしたものか」

と林甫にはかった。林甫が答えるには、

「厳挺之は老いぼれて中風になっているのです。閑職に遷して養生に専念するようお命じになったほうがよろしいでしょう」

こうして李林甫は首尾よくライバル復活の芽をつみとったのである。

人をおとしいれるような、あざとい駆け引きを「陰謀鬼計」などという。林甫はこういう「鬼計」を得意としたが、それがやすやすと成功したのは、初め、やさしげな態度を見せるので、相手はつい心を許してしまうのである。

それが、「口ニ蜜アリ」と評された林甫のつけ目でもあった。

彼は、こういうやり方でライバルたちを封じ込め、十九年の長きにわたって実権者の地位を守り通したのである。

3 ウソをつけない奴は損をする！

利害関係で結ばれた者は、いったん苦境に追い込まれると、たちまち相手を捨ててしまう　（荘子）

戦いともなれば、あえてペテンも辞さない覚悟が必要だ　（韓非子）

作戦行動の根本は、敵をあざむくことである。情況に対応して変化しなければならない　（孫子）

弱者が窮地に立たされた時

駆け引きには、ウソを伴うことが多い。ウソやペテンを使って相手を丸め込むことも、駆け引きの有力な手法であるらしい。

一般に、ウソやペテンは恥ずべきことだとされる。だが、「ウソも方便」ということばがあるように、時にはやむをえないことだとして、是認される場合もあるようだ。

どんな場合に是認されるのかといえば、たとえば、弱者が窮地に立たされたような場合だ。二つほど、例を紹介しよう。

『三国志』の曹操に仕えた参謀に、賈詡《かく》という頭の切れる人物がいた。その彼が若い時のこと、一行数十人とともに旅行中、たまたま賊軍につかまってしまった。他の連中は身ぐるみはがれたうえ、皆殺されてしまった。だが、賈詡だけは助かっている。なぜか。別に彼だけが熱心に命乞いしたからではない。賊の頭《かしら》に向かって、こう申し立てたのである。

「私は段公《だんこう》の甥だ。殺さないで生かしておけば、わが家では莫大な身代金を払ってくれるぞ」

段公とは、当時、将軍としてにらみをきかせていた人物である。賊どもは段公の名を聞いただけでふるえあがり、丁重に賈詡の身柄を送り返してきたという。

むろん賈詡は、段公となんの関係もなかった。とっさの機転で、彼の名をかたったにすぎない。こういうウソは、誉められこそすれ、非難されるいわれはないのである。むしろ機略といってよいかもしれない。

もう一つ例をあげよう。

戦国時代のこと、斉《せい》の国に張丑《ちょうちゅう》という家臣がいた。人質として隣の燕《えん》の国につかわされていたが、殺されそうになったので、脱出して逃げ帰ろうとしたところ、国境付近で監視の役人につかまってしまう。連れもどされたら、命がない。

張丑は、必死に申し立てた。

「燕王が私を殺そうとしているのは、私が宝石を持っていると密告した者がいたからだ。私はそれをなくしてしまったが、王は信じてくれない。

いまここで私をつかまえたら、私は王の前で、きみが私の宝石を奪って呑んでしまったといってやる。王は必ずや、きみの腹を割いて腸を引きずり出すだろう。欲に目がくらんだ王に、損得を説いてみても始まらん。私も殺されるが、きみの腸だって、ずたずたに切りきざまれることは請け合いだ」

恐れをなした役人は、張丑を釈放したという。

宝石を持っているというのは、もちろんウソに決まっている。そんなウソ八百を並べ立てて、張丑も首尾よく虎口を脱したのである。誰も張丑を「ウソつきだ」とか「けしからん奴だ」と非難する者はおるまい。

バカ正直に振る舞っていたのでは、助かる命も助からなくなる。このような緊急避難のウソは許されるのである。

禍根を絶つための契約違反はやむなし

乱世を勝ち残るためには、平気でウソやペテンを使えるようにならなければいけないらしい。だが、あまりそれを使いすぎると、信義のない奴だとかペテン師のレッテルを貼られることになる。そうなってはおしまいだ。

時と場合に応じて、ウソやペテンをけっこう使い分けながら、それでいてあいつは信義に厚い奴だと評されたのが、徳川家康である。

たとえば家康の若い頃、三河で一向宗の門徒が一揆を起こしたことがあった。家康はこの平定に手こずったが、どうやら妥協が成立した。そのさいの和議条件の一つに、

「寺々はもとのごとく建ておかるべきこと」

という一項目があったが、家康は、委細かまわず、寺々の打ち壊しを命じた。門徒らは驚いて、約束がちがうと抗議したという。当然である。ところが家康は、

「なんのちがうものか。寺々のあったところは、昔はすべて野原だった。昔のように野原にするまでのことよ」

といって、打ち壊させたという。のちのちの禍根を絶つためには、契約違反も辞さなかったのである。

また、こんな話もある。

関が原の役の時、毛利輝元は西軍の名目的な主将として大阪城にとどまっていた。役後、家康はこれをなんとか始末しようとしたのだが、うかつに手が出せない。いつまでも処分をためらっていると、諸大名の心変わりも心配される。そこで家康は、甘言をもって輝元を説かせた。

「今度のことはすべて石田三成の奸謀によることで、貴殿の立場には家康公も同情しておられる。なにはともあれ、ここのところは城を出て、異心のないことを示すべきでしょう」

輝元はそれもそうだと思って、大阪城を出た。家康は、待っていましたとばかり、もっとも苛酷な処分をいいわたし、百二十万石から三十六万九千石に減封したのである。

家康には、ほかにもこれに類する話はたくさんあるらしい。常識で考えると、決して信義に厚い人ではなかった。しかし彼は、律義者だという評判をとっている。

それには理由があった。家康は、信長と秀吉の二人に対しては、徹底して信義を守っているのである。信長に対しても秀吉に対しても、一度盟約を結ぶと、誠実に履行して、決して背くことはなかった。

つまり、強者に対してはあくまでも信義を守り、弱者に対しては信義など意に介しなかった。強者に背けばただちに報復されるが、弱者に対してはそんな心配はない。そこを読んで使い分けたところに、家康の老獪さがあったといってよい。

「だまされるほうが悪い」と心得よ！

『孟子』という古典に、

「大人《タイジン》ハ、言《ゲン》必ズシモ信ナラズ」

とある。

「信」というのは、ウソをつかない、約束を守るという意味である。これは、人間社会を生きていくうえでもっとも基本的な条件であるが、大人（立派な人物）は必ずしもそれに拘束されないというのである。

では、大人にとって必要なこととは何かといえば、臨機応変の対応だという。「信」は、人間にとって重要な条件である。だが、それにとらわれて大局的判断を誤ってはならない。時には、あえて「信」を捨てる非情な決断を下さなければならないのが大人だ、というのである。

　たとえばその典型を劉邦に見ることができる。

　劉邦が項羽と天下を争った時、血みどろの戦いが三年近くも続いた。戦いが後半に入った頃から、徐々に、劉邦の側が優位に立ってきたが、しかし、長い戦いで双方とも戦力を消耗し、へとへとに疲れてしまった。そんななかで両者に停戦協定が成立し、中国を二分して、西を劉邦が、東を項羽が領有することで話し合いがついた。

　項羽は、協定成立後、ただちに軍をまとめて帰国の途につく。劉邦も帰国しようとした。すると、軍師の張良がこう進言したのである。

「わが方は天下の半分を手中にしたうえ、諸侯も味方についております。ところが相手の項羽方は、兵力を消耗し、食糧も底をついているありさま。これこそ天が項羽を見限った証拠です。項羽を滅ぼすのは、いまをおいてほかにありません。この機会を見逃すのは、それこそ〝虎を育てて禍のタネをまく〟ようなものですぞ」

　大きくうなずいた劉邦は、すぐさま全軍をまとめて追撃に移り、ついに項羽を滅ぼしてしまったのである。

　劉邦のこの時の決断は、明らかに協定違反であり、結果として、相手をペテンにかけたことに変わりはない。だが、だれも劉邦をペテン師だといって責める者はいない。責められるべきは、むしろ、やすやすとそんな手に乗った項羽の側の甘い判断なのである。

これは戦争の場合だけとは限らない。一般的にいって、「信」は人間の条件である。だが、これはあくまでも建前にすぎない。この世の中には、「信」にはずれる人間がうじゃうじゃしている。それがきびしい現実というものだ。

だから、相手とつき合うには、「信」のおける人間であるかどうか、よくよく見きわめてからつき合わなければならない。

信ずべからざる人間を信じ、その結果、まんまとペテンにかけられたとする。こんな場合、ペテンにかけるほうも、確かに悪いことは悪い。

だが、少なくとも、半分の責任はペテンにかけられた側にもあるのである。信ずべからざる人間を信じた甘い判断を反省すべきであろう。

4 恥や面子にとらわれるな！

敵を軽視してしゃにむに攻撃を加えるほど愚かなことはない。そんなことをすれば、国を破滅させてしまうのがオチだ
（老子）

難関にさしかかった時は、ひたすら耐え忍んで初志を貫徹しなければならない
（洪自誠）

勝敗は誰にも予測できない。かりに敗れても、恥を忍んで再起をはかるのが男である
（杜牧）

「恥を忍ぶ」駆け引きとは

いまでもよく、苦しい立場に立たされた時など、
「恥を忍んでお願いにあがりました」
ということばが弁解の前置きとして使われる。このいい訳は、なかなか面白い。すでに述べたように、乱世を生き残るためには、したたかな駆け引きを身につけなければならない。ところが、そういう駆け引きには、多くの場合、きたないとか、えげつないといったイメージがつきまとう。

だが、それを恥じているようでは、きびしい競争社会を生き残ることはできない。乱世を生き残るためには、恥とか面子《めんつ》とか、そんなものは意に介しないような図太い神経を必要とするらしいのだ。

それを教えてくれるのが、『三国志』の主役の一人である呉《ご》の孫権《そんけん》の生き方である。正史の『三国志』のなかで、呉の孫権は、次のように評されている。

「身ヲ屈シ辱《ハジ》ヲ忍ビ、才ヲ任ジ計ヲ尚《タット》ブ。故ニ、ヨク自ラ江表ヲ擅《ホシイママ》ニシ、鼎峙《テイジ》ノ業ヲ成ス」

恥を恥ともしないで、頭を下げるべきところは頭を下げ、有能な人材を登用し、駆け引きに長《た》けていた。だから、よく江南の領土を保持し、魏、蜀に対抗して「三国鼎《てい》立《りつ》」の局面を形成することができた、というのだ。

ここで注目してほしいのは、「身ヲ屈シ辱ヲ忍ビ」というくだりである。孫権のどこがそうだったのかといえば、それは次のようなことをさしている。

『三国志』の勢力地図は、全体の力を十とすれば、魏七、呉二、蜀一といったところであるが、呉の孫権は強国の魏に対抗するため、おおむね蜀の劉備と手を結ぶ戦略を採用してきた。ところが、ふとしたことから劉備の怒りを買い、劉備の軍団に攻め込まれるという事態になった。孫権としては、魏と蜀と、腹背に敵を受けることになる。二正面作戦は、なんとしても避けなければならない。

この時、孫権はどうしたかというと、恥も面子もかなぐり捨てて、魏に臣従を誓ったのである。誇り高い彼が、あえて昨日までの敵に頭を下げたのだ。

魏もさる者である。嵩《かさ》にかかって珍貴な品々の献上を求め、非礼な要求を突きつけてきた。重臣たちは、こぞって、

「魏の要求は非礼以外のなにものでもありません。即刻、拒絶すべきです」

と、息巻いた。だが、孫権はあくまでも冷静だった。

「西から劉備の大軍が迫っている。いま、わが領民の命は、わしの決断一つにかかっている。魏の要求してきた品は、わしにとってはガラクタ同然。少しも惜しくはない」

こういって、要求された品をすべて調達して魏に送った。

このように、孫権は必要とあれば宿敵に頭を下げることもいとわなかった。これを当時の人々は「略《りゃく》」と称したという。したたかな駆け引き巧者という意味だ。恥を忍ぶのもまた駆け引きのうちなのである。

泥まみれもいとわぬ図太い神経を持て！

恥を忍んだという点では、孫権に輪をかけてそうだったのが、蜀の劉備である。

小説の『三国志』は、劉備をこの上なく立派な人物としてえがいているが、ありていにいえば彼は無能の人だった。こと能力という点では、劉備はライバルの曹操の足もとにも及ばず、孫権と比べても、ずいぶんと見劣りする。

乱世を勝ちあがるためには、能力と運に恵まれなければならない。だが、「運も実力のうち」という俗諺を認めるなら、結局、ものをいうのは能力だということになる。劉備は肝心のその能力に欠けていたというのだから、お話にならない。

しかも彼は社会の最下層から身を起こした人物である。同じ裸一貫でも、曹操は最初の挙兵の時に三、四千の兵をかき集めているが、劉備のほうはわずか数十人程度の兵力だったらしい。ケタが二つもちがっているのだ。

乱世のなかに身を乗り出しながら、駆け引きもダメ、兵力も少ないとあっては、初めから苦戦を覚悟せざるをえない。事実、劉備の前半生は苦労の連続で、ちょっと芽が出かかったかと思うとすぐにしくじってしまい、いっこうにウダツがあがらなかった。

そんななかで劉備は、恥も外聞もかなぐり捨てて生きていく。

昨日Aと手を結んだかと思うと、今日はAと手を切ってBのもとに走る。Bと手を結んだかと思うと、明日はBのもとから去って、Cと手を結ぶ。Cのもとを追い出されると、今度はまたAの庇護を求めていく。この繰り返しであった。

見方によっては、信義のひとかけらもないような生き方であり、まさに「泥まみれの人生」といってよい。

『三国志』に、呂布《りよふ》という乱暴者が登場してくる。

「たけり狂った虎のように勇猛な男だが、目先の利益ばかり追い、人を裏切ってばかりいた」

と評されているように、これこそ信義のひとかけらもない男であった。

この呂布が曹操につかまって殺される時、側に控えていた劉備を指して、

「こやつこそ、いちばんの食わせ者だ」

と毒づいているのだ。原文を示せば、

「コノ児《ジ》、最モ信ジガタシ」

である。

札付きのワルから太鼓判を押されるくらいだから、劉備も相当なワルだ、ということになる。確かに劉備の生き方には、そう批判されてもいたし方のないところがあった。しかし劉備は、そんな批判など意に介せず、しぶとく乱世を生き残っていった。図太い神経の持ち主だったのである。

撤退に見る「男の器量」

「三十六計、逃げるに如かず」

ということばがある。説明するまでもなく、すばらしい作戦はたくさんあるが、そのなかでも、逃げるのが最高の策だ、という意味である。

玉砕してしまったのでは、元も子もない。逃げて力を温存すれば、勝つチャンスはまたいくらでもめぐってくるという発想にほかならない。

しかし、そうはいっても、逃げる（撤退）というのはいかにもカッコが悪い。だから、世間体や面子を気にしてぐずぐず撤退をためらい、その結果、いっそう傷口を大きくするといったケースが後を絶たないのである。

駆け引き上手は、決してそんなバカな戦い方をしなかった。

たとえば曹操である。漢中に攻め込んで、劉備の軍と戦った時のことだ。この時は珍しくも劉備の側が万端の手筈をととのえ、要害の地に布陣して迎え撃った。こうなっては遠征軍に不利とならざるをえない。果たせるかな、戦線は膠着状態となり、曹操の軍は大苦戦におちいった。

こういう時の曹操は決断も早い。幕僚たちを集めて食事をしながら、たった一言、

「鶏肋《けいろく》だ！」

とつぶやいたという。

だが、幕僚たちには、何のことだかさっぱり意味がわからない。そのなかでただ一人、楊修《ようしゅう》という参謀だけが、曹操のことばを聞くなり、さっさと引き上げの準備にかかった。

「どうして引き上げだとわかったのか」

他の者がびっくりしてたずねたところ、楊修はこう答えたという。

「鶏肋、つまりニワトリのガラというのは、捨てるにはもったいないが、食べようとしたって肉はついていない。漢中という土地はそんなものだというわけさ。これは撤退だと、ピンときたよ」

漢中をさして鶏肋とはいささか負け惜しみの感もないではない。だが、体裁とか面子とか、そんなものにはとらわれないで、さっと撤退の決断を下すあたり、さすがに曹操は駆け引き上手の名に恥じないものがあった。

『菜根譚』にも、こんなことばがある。

「酸《す》いも甘いも知り尽くしてしまえば、人の心がどう変わろうと、気にならぬ。眼を見開いて確かめるのさえおっくうだ。

人の心がわかってしまえば、牛と呼ばれようが馬と呼ばれようが、腹も立たぬ。ただ、ハイハイとうなずくばかりだ」

他人の思惑など気にしないで、ドライに割り切って生きるほうが、結局は勝ちにつながるのかもしれない。

中国史に学ぶ
「将の器《リーダー》」の磨き方

著者　守屋　洋
発行者　真船美保子
発行所　KKロングセラーズ
〒169-0075　東京都新宿区高田馬場2-1-2
電話　03-3204-5161(代)
http://www.kklong.co.jp

印刷　中央精版印刷　　製本　難波製本

ISBN978-4-8454-0987-7
Printed in Japan 2016